中国文人闲情雅趣丛书

中国琴史演义

殷　伟◎著
殷斐然◎编著

云南人民出版社

图书在版编目（ＣＩＰ）数据

中国琴史演义 / 殷伟著 ; 殷斐然编著. -- 昆明 :
云南人民出版社, 2024.1
（中国文人闲情雅趣丛书）
ISBN 978-7-222-15417-9

Ⅰ.①中… Ⅱ.①殷… ②殷… Ⅲ.①古琴—器乐史
—中国 Ⅳ.①J632.319

中国版本图书馆CIP数据核字(2017)第030208号

项目统筹　段兴民　赵　红
责任编辑　任　娜
装帧设计　马　滨
责任校对　董郎文清
责任印制　代隆参

中国文人闲情雅趣丛书

中国琴史演义
ZHONGGUO QINSHI YANYI
殷　伟　著　殷斐然　编著

出　版　云南人民出版社
发　行　云南人民出版社
社　址　昆明市环城西路609号
邮　编　650034
网　址　www.ynpph.com.cn
E-mail　ynrms@sina.com
开　本　720mm×1010mm　1/16
印　张　10.75
字　数　200千
版　次　2024年1月第1版第1次印刷
印　刷　昆明瑆煜印务有限公司
书　号　ISBN 978-7-222-15417-9
定　价　48.00元

如需购买图书、反馈意见，请与我社联系
总编室：0871-64109126　发行部：0871-64108507　审校部：0871-64164626　印制部：0871-64191534

云南人民出版社微信公众号

序

　　文化研究进入到一定程度，必然会关注到一个层面：生态文化。特定的文化族群是怎么过日子的？他们的日常生活方式和生活情趣与别的族群有什么根本的区别？这一切又如何开启或限制了他们的文化思维方式？凡此种种，都属于生态文化的范畴。

　　乍一看，生活方式的问题琐碎低俗，没有必要被文人雅士们关注，其实这是"有眼不识泰山"。我在《山居笔记》中做过研究，明末清初大量江南士人的气节敏感，最后集中在是否"毁我名冠"这个问题上。而清朝灭亡后国学大师王国维先生的自沉事件，人们也必然会从他保留的前清发式上去解读。我还说过，书写工具对文体转化意义重大。由此可见，某些有代表性的生态方式，看似细微，却是一种文化的最终沉淀。这事在我们自己经历的文化转型中也是一样。历史将会证明，十几年前某个后现代观念在中国的译介，远不如从何时开始文化人普遍接受西装更为重要；而由于通信、交通方式的改变所带来的全民时空观念的改变，可能超过任何一种文化方法论的引进。

　　为此，我们不应拒绝从文化生态的途径去领悟中国文化。

中国文化博大精深，其最终成果就是中国人的群体人格，而群体人格在和平年月中是以一系列生活方式为承载的。我们很难找到一个蔑视日常生活的文化大师，却能发现那些最让我们喜爱的文化人总是特别钟情于对生活质地的品尝。魏晋名士姑且不论，李白、白居易、苏东坡、张岱、袁枚、李渔，都是例证。只是到了现代，由于思潮汇涌，对生活方式的谈论成了背离时代主流的闲散碎语，虽也有大家不肯放弃，如周作人、林语堂、梁实秋他们，但总体上已很难纳入文化思考的重要部分。这是历史的因果、时代的必然，说不上对错，但无论如何，中华文明失落了它极有质感的那个后院。

近年来随着生活水平提升，大家感受到了这种遗憾。于是勃然而起，放口谈论。只可惜功夫不够，又喜欢事事与文化相连，结果转眼间生活的细枝末节全都成了文化殿堂，终于让大家厌烦起来。

我一直期待有人把中国传统生态文化的几个主要方面认真梳理一下，然后用比较系统又比较生活的方式表述出来。正是在这种情况下，得知云南人民出版社将出版殷伟先生写的"中国文人闲情雅趣丛书"，并希望我写篇短序，我也就承应了下来。

琴、棋、书、画、酒、茶，这六个字确实是对中国传统生态文化一种很有代表性的概括，每个字背后都有漫长的历史和丰富的故事。殷伟先生出身书香门第，接受过中国文化的高等教育，又在文化转型期体验了丰富的人生经历，然后重返书案，触摸中国文化的这些部位，很有意味。出于对中国生态文化的了解，更出于这些年对中国社会的深入，他选择了能够接通广大民众质感的表达方式，这几乎是理所当然的。

我希望广大读者能通过这些美好的故事了解中国文化千百年来的质感生存形态，也希望有部分学历较高的读者从中感悟中国和西方在生态文化上的异同，体会中国人的生存奥秘。

我知道这样的希望属于一个大事业，不可能一蹴而就。无论是云南人民出版社还是殷伟先生，都是在做一种试验，他们的不足也就是后继者的起点。祝愿在不远的将来，能有一些既宏观又有质感的中国生态文化史论著作问世，使中外读者受惠。

是为序。

余秋雨

目　录

伏羲制琴谐八音

　　话说古琴是中国一种历史悠久的弹弦乐器,现代称古琴或七弦琴。唐人顾况《王氏广陵散记》说:"众乐,琴之臣妾也。"晋人嵇康《琴赋》中亦说:"众器之中,琴德最优。"古人对琴评价极高,琴在古人心目中号称是中国古乐器之王。

　　唐代琴家司马承祯曾为琴立传,在《素琴传》中这样描述道:桐琴,字清素,是临海桐柏山灵墟的优质树木制作的。这种树木的先祖自开天辟地之初,就秉承了角星的精华,内含少阳的灵气,在肥沃的土地上生长,在崇山峻岭中挺拔而出,得水石灵秀的滋养,培育出清高的品性。树干长得端正秀丽,树叶扶疏,在幽隐的地方牢牢地扎下根。和其他树木杂处在一块,经历了亿万年,没有人能知晓。只有凤凰跟她在一起,栖息在她的枝上。她长得出奇的茂盛，支出的小树也颇灵秀。子子孙孙越传越远，聚集在鲁郡峄山的南坡，逐渐繁衍和扩散，差不多遍布各个山岳。既是因为接受了大地的生气，也因为自身材质奇异。故而，制成"云和""空桑"，在冬夏各有不同的奏法，"绕梁""焦尾"世代都发出奇美的琴音。清素是用如此灵气逸出的绝佳材料制成的，音调高古，都是方外之音。琴韵传送中，正像可以表达心声的语言只有从幽谷的兰草得到真意，岁寒时的节操只有在寒风中的劲松才能保全贞洁。

如此美琴，自然堪称品位最高的乐器。在中国传说中的远古时代，世人信奉崇敬的人类始祖，如伏羲、神农、黄帝、尧、舜、禹等，几乎

《伏羲女娲图》

唐代吴道子作品

都与琴有不解之缘，这里单说制琴之祖伏羲。

话说华胥氏之国是人间极乐国土。有一位美丽的姑娘，这天，到一个林木翁翳的大泽去游玩，偶然看到一个巨人的足印，觉得好生奇怪，就用自己的脚去踩这巨人的足印。刚一踩下去，仿佛有什么在动，忽然红光罩身，后来怀孕生下一个儿子，就是伏羲。伏羲是一个"为百王先"的人王，他对人类的贡献很大，有着许多创造发明。他效法蜘蛛结网，制作了打鱼捕兽的网罟，教人结网打鱼捕兽，从事渔猎畜牧。他又从河图洛书得到启发，画制八卦。☰乾代表天，☷坤代表地，☵坎代表水，☲离代表火，☶艮代表山，☳震代表雷，☴巽代表风，☱兑代表泽。用这八种符号标志天地万物，百姓就用它来记载生活中发生的各种事情。汉代武梁祠画像石有伏羲像赞说："伏羲苍精，初造王业，画卦结绳，以理海内。"简括地赞颂了伏羲创造发明的功业。

一日，伏羲坐在方坛上面，听了八方风的声气，就制定了音律。为了谐调八音，使它们都互相和合，想得到能够律吕完备的乐器，就砍伐峄山的梧桐。按阴阳大道，制作成一种古雅的乐器，称之为琴。琴，是禁的意思，用来禁止淫邪放纵的感情，存养古雅纯正的志向，引导人们通晓仁义，以此修身养性、返璞归真，和自然合为一体，融于太和之中。伏羲召集群臣说："寡人今削木为琴，上方浑圆取形于天，下方方正效法大地。长三尺六寸五分，模仿周天三百六十五度，一年三百六十五日；宽六寸，和天地六合相比附。有上下，借指天地之间气息的往来。琴底的上面叫池，下面叫沼。池借指水，是平的，沼借指水的暗流。上面平静，下面也跟随平静。前端广大，后端狭小，借喻尊卑之间有差异。龙池长八寸，会通八风；凤沼长四寸，和合四时。琴上的弦有五条，来配备五音，和五行相合。大弦是琴中的君主，缓而幽隐；小弦是臣子，清廉方正而不错乱。五音之中，宫是君、商是臣、角是民、徵是事、羽是物，五音纯正，就天下和平，百姓安宁。弹奏琴就会通神明的大德，与合天地的至和。"群臣一听茅塞顿开，方觉奥妙无穷，拜谢伏羲的开导，希望按此规制在天下推广。于是，伏羲发令，砍伐桐木，依式制造，颁发天下。天下百姓遂按伏羲制作的琴的样式，各相传授，弹奏着琴，无不欢悦。自此天下开始有琴流传。

琴自诞生之日起，就与人类形影不离，如同挚友相伴。或许是因为琴形体上效法天地，声音谐调律吕，引导人神的平和、感情趋于纯正的缘故，自古贤人君子无不弹琴以遣兴，细细玩味以解忧。左边置琴右边置书，琴书相伴度过人生。清人徐祺《五知斋琴谱•上古琴论》中阐述了琴所蕴含的文化意义。其中这样说道：琴这种乐器，创始于伏羲，成形于黄帝，取法天地之象，暗含天下妙道，内蕴天地间灵气，能发出九十多种声音。起初是五弦的形制，后来在周文王和周武王时，增加了两根弦，是用来暗合君臣之间的恩德。琴的含义远大，琴的声音纯正，琴的气象和缓，琴的形体微小。如果能够领会其中的意趣，就能感通万物。

琴声能够使人的本性回归于纯正。君臣之间有大义，父子之间有亲情，消除降伏邪恶的淫欲，回归到自然的质朴。欣赏琴声，心志急躁的人能接受沉静的洗礼，心志沉静的人能体验和谐的感染，使内心和谐沉稳，忧乐无法介入。任纯正天真荡漾，领悟到其中的天然之理，再去察看天地万物的动静变化，那么生死不能累其心。弹奏的方法哪能拘囿住这种旷达情怀的表达呢？古代的明王君子都精通琴艺，没有听了他们纯正的琴音而不受感动的。自古圣明帝王之所以能够正心、修身、齐家、治国、平天下，"咸赖琴之正音是资焉"。琴所蕴含的内容怎么也说不尽。

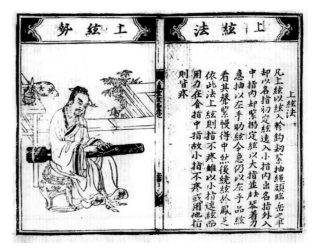

明代朱厚爝《风宣玄品》中"上弦法""上弦势"书影

琴有如此魅力，多与它弹奏时繁多的指法有关。郑觐文《中国音乐史》说琴的指法："统计属于左手者有五十二种，属于右手者有五十种，更有古指法五十种，再

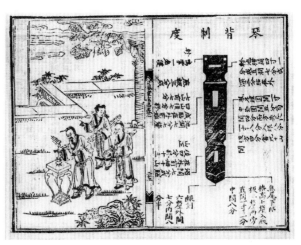

明代朱厚爝《风宣玄品》中"琴背制度"书影

加以轻重化法（如一挑有圈指弹出者，有竖指弹出者，有弯指轻弹者），细分之有四百多种，一法有一法之特点。自古音乐从未有若此之繁复者。"正因为古琴有如此强的表现力，因而宋代琴家朱长文《琴史·尽美》说到琴的独特魅力时这样说道：从前圣人制作的琴，天地万物的各种声音都包含在其中。能够包容天地万物的声音，没有美妙的指法也无法弹出。所以就要调弦定音，擘、援、摽、拂等指法俱用，发挥其和谐，穷尽其变化。琴音愈奏愈清淡，听者愈体味愈深入。如果不是天下的高手，是无法把琴所蕴藉的内容都表现出来。弹琴者发于内心而应于手，方称得上琴艺

神妙。正因如此，黄帝放琴而神鬼聚会，后夔乐成而凤凰来临，师旷抚弦而云鹤飞翔，瓠巴鼓瑟而沉鱼出听，师文弹琴而寒暑突变，这可谓诚之至也。

明代朱厚爝《风宣玄品》中"抱琴势法""今人抱琴势"书影

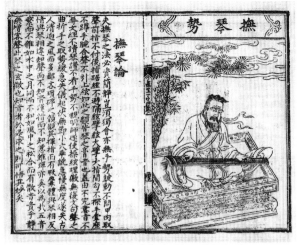

明代朱厚爝《风宣玄品》中"抚琴势"书影

三国时期曹魏琴家嵇康《琴赋》为我们生动再现了古人弹奏古琴的情况。开始演奏时，演奏者正襟危坐，和颜悦色，神态安详，显得从容不迫。忽然纤指飞动，似风起云涌，英声发越，叮咚错杂。初听时好像各个部分互不相关，静心倾听，又觉得整个乐曲是在表现着一个统一的主题。演奏到高潮时，繁声促弦，层层逼近，以致使人紧张得透不过气来。在表现舒缓的乐章时，琴音清和条畅，温柔婉顺，远听犹如鸾凤嬉戏云中，近听似万紫千红笑春风，让人觉得是畅饮佳酿美酒，薄醉微醺，回味无穷。

古琴有道不尽说不完的永久魅力。从伏羲创制古琴问世起，就开始奏响了中国音乐史的序曲，余音绵延数千年。古琴艺术，不仅是中国的，也是世界的。2003年11月7日，古琴艺术被联合国教科文组织列入"人类口述和非物质遗产代表作"。这正是：削木制琴奏妙乐，纤指繁弦音韵长。

虞舜抚弦歌《南风》

　　话说上古社会发展到唐尧时，天下太平，人民安居乐业。唐尧年纪渐渐老了，他的儿子丹朱又很不肖，唐尧便时常留心天下的贤人，想把帝位禅让给他。当时，他听说阳城的许由最贤良，便亲自去拜访许由，说明他禅让天下的来意。可是许由是个清高的人，不愿接受禅让，连夜逃到箕山下的颍水边上去居住。

　　许由夏季结巢而居，冬天就挖穴而处，饥饿时就从山里寻找食物充饥，干渴时就从河里舀水解渴，过着清贫淡泊的隐居生活。唐尧见许由有清静的节操，很是赞赏他的志向，又派使臣来请许由。许由感叹地说："一个人立定了志向，就应像磐石一样坚固不动摇。在山野采食，临河渴饮，是用来养护心性的，并非以此获得俸禄和高位。散开头发自由游荡，是用来使自己内心安宁不恐慌的，并不是以此来贪求拥有天下。"许由又感到唐尧的使臣所说的话污浊不善，赶忙到颍水河去掬水来洗自己的耳朵。他的朋友巢父牵了一头牛来河边饮水，看到他洗耳朵，奇怪地问："耳朵有什么脏物吗？"许由说："没

巢父者尧时隐人也山居不营世利年老以树为巢而寝其上故时人号曰巢父尧之让许由也由以告巢父巢父曰汝何不隐汝形藏汝光若非吾友也擊其膺而下之由怅然不自得乃过清冷之水洗其耳拭其目曰向闻贪言负吾之友矣遂去终身不相见

巢父

清代任熊作品

清代任熊作品

有脏物，只是听到了讨厌的语言。"巢父又问："说什么话？"许由说："唐尧要聘我去做天子。"巢父问他："你为什么厌恶这件事？"许由回答："我的志向在青山白云之间，何必要蝇营狗苟去做什么天子呢！"巢父正要去河边饮牛，听了他的话就离开了。他感到在河的下游饮牛是件耻辱的事。

许由就创作了一首琴曲《箕山操》，操即琴曲也。《箕山操》云：

登彼箕山兮，瞻望天下，

山川丽崎，万物还普；

日月运照，靡不记睹，

游放其间，何所却虑；

叹彼唐尧，独自愁苦，

劳心九州，忧勤后土；

谓余钦明，传禅易祖，

我乐如何，盖不盼顾；

河水流兮缘高山，甘瓜施兮弃锦蛮；

高林肃兮相错连，居此之处傲尧君。

这首琴曲唱的意思是，登上箕山眺望天下，山河壮丽，万物生机勃勃；日月运行，照耀大地，普天下没有人看不到，在天地之间游乐自在，有什么值得忧虑的。可叹那唐尧独自愁闷痛苦，为九州的安泰劳心竭力，为民生之艰而奔走效劳。他认为我清明忠贞，想禅位给我。但我有我自己的乐趣，不会对此左顾右盼。河水绕高山流淌，甘瓜从蔓上垂下，茂盛的森林成片相连，居住在这里可以傲视唐尧啊。这首琴曲是我国古代流传下来为数不多的琴曲之一。

却说有虞氏重华，史称虞舜，正在历山脚下开荒种地，孤单地过着日子。他常常看见那布谷鸟，带着小鸟快乐地在天空飞翔。母鸟衔了食物，在树上哺养它的小鸟，充满了一片母子间亲爱和睦的景象。想到自己是一个从小丧母的孤儿，又受到后母百般的虐待，不禁感慨万分，倍加思念亲人，于是作了一首琴歌，自弹自唱云：

陟彼历山兮崔嵬，有鸟翔兮高飞。

瞻彼鸠兮徘徊，河水洋洋兮清冷。

深谷鸟鸣兮嘤嘤，设罥张置兮思我父母力耕。

日与月兮往如驰，父母远兮吾将安归。

这首琴歌的意思是：登上高高的历山，有只鸟在展翅高飞。看那只鸠鸟在山峦间徘徊，河水滔滔清冷宜人。深谷里鸟鸣嘤嘤不已，扶着手中的耕具，思念我的父母正在耕作。太阳和月亮如闪电迅疾，父母离我很远，我什么时候才能回去。这就是琴曲《思亲操》。

舜为何远离父母而独自耕耘历山下，原来他的后母心肠歹毒，几番设计要杀死舜。舜的弟弟象和糊涂父亲瞽叟又作为帮凶，想杀死舜才称心满意。舜在家里实在待不下去，只好独自分居到历山脚下。

唐尧当时正在寻访天下贤人，人们推荐了舜，说舜既贤孝又能干，可以传给天子的位置。于是，唐尧就把他两个女儿，一个叫娥皇、一个叫女英，嫁给了舜做妻子。又叫他的九个儿子和舜一起共同生活，看看他是不是真正的贤人，同时还赐给他一张琴。舜做了天子的女婿，

张善孖作品

忽的平步青云，但对父母却不记旧仇，反而更加贤顺。唐尧从女儿和儿子的报告里，知道舜是可信赖的人，就把天子位置禅让给了舜。舜做天子的几十年中，也像唐尧一样，为天下百姓做了很多好事，最后连传位也效仿唐尧，不把天子位置传给只知道唱歌跳舞的儿子商均，而禅位给治理洪水有奇功的大禹。舜被古人尊奉为上古道德典范的圣人。

舜的一生非常喜欢音乐，尤擅弹琴自唱。故而，唐尧把两个女儿嫁给舜时，特意送他一张琴。舜做天子治理国家颇为有方，又命乐师把十五弦瑟添了八弦，成为二十三弦的瑟。又命乐师整理帝喾时代师咸所作的《九招》《六英》《六列》等曲，成为新的乐曲。《尚书·益稷》上说，《九招》演奏起来清扬婉转，好似百鸟歌鸣，演奏时连凤凰都双双飞来朝见舜。后来的孔子在齐国听了这首曲子的演奏，止不住连声赞叹："这乐曲太感动人啦，真是尽美又尽善，叫人三月不知肉味啊！"

清代《钦定书经图说》插图《帝舜图》

舜自当天子以来，无日不以天下百姓为念。一个人独居时，就只喜欢弹奏五弦琴。伴随着琴音的节奏，唱着他自己创作的《南风》歌曲：

南风之薰兮，可以解吾民之愠兮。

南风之时兮，可以阜吾民之财兮。

用今天的话来说，意思就是：南方吹来的和煦的风啊，可以消除人民的愁闷啊。南方吹来的及时的风啊，可以增加人民的财富啊。

舜抚琴自唱的《南风》曲，一直为后世琴家称赏。三国琴家王肃《孔子家语·辩乐》通过孔子对其弟子冉有关于琴音的分析阐发了以琴音正人心的观点。其中盛赞道：远古时舜弹奏五弦琴，自歌《南风》曲，只因为利用了琴音的感化，所以他的国家生机勃勃。良好的道德就像泉水一样长流不止，直到现在王公大人仍在讲述，一点也没有忘记。清代琴家徐祺《五知斋琴谱·上古琴论》在阐述琴声"正"的特征时说："视琴听音，可以见志观治，知世道之兴衰。故舜弹五弦之琴，歌南风之诗，以平天下之心，为太平之乐也。"唐代琴家司马承祯《素琴传》在谈琴音动人魅力和社会功能时说："黄

清代《钦定书经图说》插图《具训蒙士图》

帝作清角于西山，用会鬼神；虞舜以南风之诗，而天下理。此皇王以琴道致和平也，故曰'琴者乐之统'，君臣之恩矣。"大凡琴家论琴，几乎都少不了推崇舜弹奏的《南风》，它成了几千年来琴文化中儒家在琴风上的文化标志。所以儒家认为："琴者，禁也。禁止于邪，以正人心也。"《南风》琴曲之所以被奉为琴道典范，恐怕是因为它"德如泉流""以平天下之心""以琴道致和平也"的缘故。"和"是中国古代音乐审美意识中最为人崇尚的理想境界，而古琴音乐恰恰很好地体现了中国传统音乐思想。《南风》正是以"心平德和"的平和之声，泽被万代。这正是：圣人德行融琴音，代代相传争推崇。

伯奇弹唱《履霜操》

　　话说周宣王姬靖年间，周宣王有一个臣子叫尹吉甫。此人算是个良臣，颇受周宣王重用，但他却没有处理好家庭内务，导致儿子伯奇蒙冤漂泊荒野。

　　伯奇为人敦厚善良，对父母非常孝敬，是个出名的孝子。他自幼聪明，勤奋好学，博通诗书，尤擅弹琴作曲。据东汉琴家蔡邕《琴操》载，古代著名的琴曲《履霜操》就是伯奇含冤忍辱被放逐荒野时所作。

　　尹吉甫十分疼爱伯奇，尽力培养他，希望他将来能继承自己的事业。不幸的是，伯奇的生母过早病逝，尹吉甫又娶了后妻，生下个儿子叫伯邦。伯邦天资不如伯奇，好玩爱动，沉不下心来读书。尹吉甫经常教训伯邦说："你当学习你哥哥，努力读书。"伯邦由于受到母亲溺爱，就是改不了贪玩的坏习惯。后母每次听尹吉甫夸伯奇时，心里就非常不舒服。这个女人长得年轻漂亮，但心怀不良，她一心想让伯邦承袭尹吉甫的爵位，并且能独霸家产，自然就把伯奇视为眼中钉、肉中刺，千方百计想把伯奇除掉。

一天，后母对尹吉甫说："你别看伯奇外表憨厚老实，其实他心术不正。他见我生得漂亮，就起了贪欲淫心，竟然在无人的时候调戏我。"

尹吉甫根本不相信，说："我那儿子为人仁厚慈爱，至仁至孝，怎么会做出这样无伦的事来。"

年轻的后妻佯装生气的样子，说："你如果不信，明早就躲到后花园楼台上暗中观看好了，信不信由你的便。"

第二天，半信半疑的尹吉甫真的来到后花园楼台上躲着，静静地观察后花园的动静。只见那女人徘徊花丛间，在晨雾中赏花。不一会儿，伯奇照例来向父母请安。经过后花园，那女人见伯奇快走近时，忽然惊慌失措地嚷叫起来："哎呀！蜂子……"边叫边左右拂拭驱赶蜂子。

伯奇一看，许多蜂子围着那女人嗡嗡直叫，有几只蜂子爬到那女人的衣服和头发上，伯奇急忙上前替后母驱赶蜂子。后母扭怩作态，指着衣领上的蜂子，惊叫："这只蜂子往我颈脖子里爬，快帮我捉住。"伯奇顾不了许多，就牵着后母的衣领，凑近从衣领上捉下蜂子。那女人故意装出害怕的样子，紧紧搂住伯奇的臂膀。

尹吉甫在远处见了，勃然大怒，从楼台上下来，不由分说，就将伯奇狠狠抽打一顿，嘴里痛骂伯奇是禽兽。那女人乘机火上浇油，说："这种大逆不道的忤子，留在家中是个祸害！"尹吉甫不分青红皂白，就把伯奇赶出了家门。

看官欲问这到底是怎么回事。原来，那女人知道伯奇仁爱守孝，就设了这样一个圈套。她捉了些蜂子藏在衣袖和衣领中，等到伯奇走近时，她便放出蜂子，然后故作惊慌乱叫。当伯奇上前捉蜂子时，恰恰被躲在楼台上的尹吉甫看到。因他离得远，没有看见伯奇捉蜂子，以为伯奇对那女人有不轨行为。

老实厚道的伯奇怎么也没想到这是后母设计陷害他，有口也无法申辩清楚，只得携带自己心爱的七弦琴，悲愤地离开了家门。那时已近深秋，天气转冷，伯奇四处流浪，只穿了一件单薄的衣裳。他走在荒凉的旷野上，冻得直哆嗦，就采集荷叶编成衣服披在身上遮挡风寒。饿得饥肠辘辘时，只好采集野花野果在嘴里嚼嚼当作食物。

一天清晨，河边的野草和沙滩上都凝结着一层白霜。伯奇赤脚走在晨霜上，冷得发抖。他想到自己无辜遭后母陷害，满腹不白之冤无处诉说，心里更加悲愤。一首酝酿很久的琴歌《履霜操》，顿时从脑海里涌现出来。他走到一棵大树下，坐在土丘上，抚琴边弹边唱：

> 履朝霜兮采晨寒，考不明其心兮听谗言。
>
> 孤恩别离兮摧肺肝，何辜皇天兮遭斯愆。
>
> 痛殁不同兮恩有偏，谁说顾兮知我冤。

这首琴歌唱的意思是：踏着清晨的霜花，迎着凛冽的寒风，父亲不明真相听信谗言。骨肉亲生别离，令人痛断肝肠。老天爷啊！你为什么让我遭受如此熬煎？慈母痛失致使后母有不同的偏见，谁人能了解我这天大的冤情呢？琴音歌声悲伤激愤，如泣如诉。河水停滞不流，似乎在屏息倾听；北风呼呼吹响，似乎表示同情。伯奇一连数天坐在河边弹琴歌唱，对着河水、旷野诉说冤情。

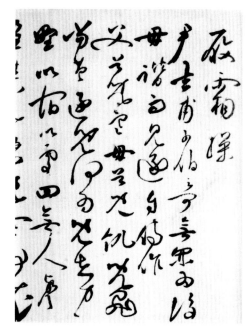

明代王逢年书法作品《琴操十首·履霜操》（局部）

说来也巧，这天，周宣王出游路过此地，听到了这首《履霜操》。周宣王很是感动，对陪同他的尹吉甫说："这唱歌的一定是个受了很大冤屈的孝子！"尹吉甫点头称是，心中暗自猜想，这恐怕是我那被赶出家门的儿子伯奇在唱吧！他回到家里后，《履霜操》的琴音仍久久在耳边回响。尹吉甫琢磨着歌词的内容，回想起花园中所见到的情景，想到伯奇的一贯表现，心中疑惑愈来愈大。他真希望伯奇能早日归来，弄清事实真相。

唐代真子飞霜铜镜。画面讲述的是西周尹伯奇被放逐于野的故事

尹吉甫再也坐不住了。自从伯奇被逐出家门后，他的心情一直很坏。他思念儿子，就独自一人沿河寻找伯奇，四处打听，却杳无音信。尹吉甫不气馁继续寻找，终于在旷野中看到了阔别已久的儿子。当他见到伯奇时，伯奇已是面容憔悴，枯瘦如柴，奄奄一息。尹吉甫搂抱着儿子痛哭，老泪纵横。

尹吉甫把儿子伯奇接回家中，那女人知道纸包不住火了，干脆一不做、二不休，想对尹吉甫下毒手。她在酒中放了毒药，花言巧语地劝尹吉甫饮酒。尹吉甫此时对这女人已有怀疑，当面让她说清楚后花园所谓调戏的事。那女人哭哭啼啼仍说假话。尹吉甫气得将手中杯子摔在地上。这时，一只狗嗅到酒香，刚舔了几口就倒地七孔流血而死。那女人见状，拔腿就跑。尹吉甫取过弓箭，将她射死。从此，父子骨肉又重新团聚。

这正是：仁孝忍辱遭放逐，弹琴唱歌诉冤情。

师涓琴录濮水曲

话说公元前 534 年，卫灵公应邀率群臣出访晋国。卫国才华横溢的音乐家师涓也随行前往。途经濮水，天色已黑，卫灵公大队人马就在濮水边驿馆住下。

当时正值初夏，月亮渐渐升起，射出微白的清光，夜风吹拂着水面，濮水泛起粼粼波光。夜半时分，忽然传来一阵曲调新奇、声音悦耳的琴声。卫灵公平时喜欢音乐，经常听师涓弹琴，但从未听过这样美妙的曲子。琴声时隐时现，卫灵公坐到临水的窗前赏月听琴，觉得十分惬意。卫灵公屏息静气聆听了许久，兴奋地问左右侍从："你们可曾听到优美的琴声？"左右侍从们忙了一天，一个个早已东倒西歪，哪里还有什么雅兴去听琴声，都说没听见。卫灵公觉得奇怪，命人找来随从乐师师涓。师涓刚刚睡下，听见召唤，赶忙起身来见卫灵公。卫灵公对他说："我刚才明明听到一种美妙的琴声，可左右侍从却毫无所闻，是他们的耳朵有问题吗？我要你潜心去寻找这若鬼神般的琴声，把它摹录下来。"

师涓不敢怠慢，领命而去，来到濮水河边，静静地坐在草地上，调弦抚琴，倾耳细听，追踪那忽隐忽现的琴声……

东晋顾恺之作品《列女仁智图》（局部）。画中卫灵公面对夫人，既流露出对夫人识别贤德的惊喜之情，又故作镇静以不失自己身份

第二天清晨，彻夜未眠的师涓告诉卫灵公说："臣昨晚已记录下那琴声，只要再听一次，稍加练习，就能弹奏出来，请再住一晚吧！"卫灵公高兴地说："好吧！今晚你再仔细听听。"于是，大队人马继续在濮水边住下。

翌日，卫灵公迫不及待地要听这琴声，等师涓一到就问："怎么样了，能演奏给我听听吗？"师涓说："臣已经会弹奏了。"卫灵公马上命师涓弹奏这濮水上的琴声。

师涓焚香操琴，正襟危坐，叮叮咚咚地弹奏起来。卫灵公一听，师涓弹奏的琴声与他晚上听到的濮水上传来的琴声丝毫不差。卫灵公高兴地称赞师涓说："你真是卫国天才的乐师啊！"

过了几天后，卫灵公一行到达晋国，晋平公以东道主身份盛宴款待客人。欢迎的宴会设在施夷高台上，宾主双方频频举杯。酒酣耳热之际，卫灵公得意地对晋平公说："酒席宴上，最好听听美妙的琴声。"晋平公正要召晋国乐师师旷来演奏。不料卫灵公说："别急，我这次带来了一首新奇的琴曲，想让你听听。"晋平公亦酷爱音乐，一听说有新曲，非常高兴，卫灵公就命师涓弹奏。

师涓调好琴弦，开始弹奏起濮水岸边听来的神秘琴曲。师涓兴致勃勃、绘声绘色地弹奏着，晋平公全神贯注地聆听，卫灵公更是听得喜形于色。

正当师涓弹奏得出神之际，晋国乐师师旷猛地站起身来，一把按住师涓的七弦琴，说："不要再弹了，这是亡国之音啊！"

师旷的话惊得在座的两国君臣面面相觑。晋平公有点不高兴，觉得师旷在危言耸听，说："此话从何讲起？"

"这是商朝乐师师延所作的琴曲。"师旷沉静地接着说：这不是什么新奇的琴曲，而是商纣王时流行的靡靡之音。当时商纣王耽于酒色，贪图享受，又宠幸妲己。为了修建豪华宫殿楼台，不惜横征暴敛，刮取民膏，又四处搜求珍奇好玩之物，充实宫廷摆设。还扩大沙丘宫苑，征用上万民夫修建楼台，用美玉珍宝装饰，金碧辉煌，豪华无比。并逼迫百姓从深山密林中捕捉珍禽异兽，豢养在沙丘宫苑里。商纣王命令师延创作淫荡的乐舞，师延不从，商纣王以死威胁，师延无可奈何，创作了靡靡之乐、北里之舞。据说，这种靡靡之音能使人神魂颠倒，北里之舞跳起来能迷魂夺魄。商纣王对这种乐舞大加赞赏，并沉湎于这种软绵绵的乐舞之中，从来不顾百姓的死活，又不治理国家。纣王无道，武王兴兵讨伐，商纣王身败国亡。师延向东逃跑，走到濮水边，感到走投无路，抱琴投水自杀。这首琴曲一定是从濮水边上听来的。

师涓大吃一惊，诧异地点点头，心中暗道：自己不仅琴艺不如师旷，就是学识亦无法和他相比。于是更加敬佩师旷。师涓说："如乐师所言，这琴曲，我从今后不再弹奏了。"

师旷又接着说："这种音乐能令人失德而忘政，能使人意志消沉、整日饮酒作乐、不务正业，乃至亡国。这种音乐很不吉利，谁先听到它、喜欢上它，谁的国家必会削弱。"

《重屏抚琴图》

师旷这一番高谈阔论，并没有打动晋平公。他对师旷不满意地说："我生平就是喜欢音乐，你是知道的。濮水边上的琴曲即便是亡国之音，那也是前朝的事情了，我不管音乐象征的是什么，只想听师涓把琴曲弹奏完。"

师旷坚持己见，说："健康的音乐可以培养人们高尚的情操和纯正品格，使人精神振奋、积极向上；靡靡之音则腐蚀人们的灵魂、消磨人们的意志，使人贪图享乐、颓废堕落。一国之君，应该聆听健康优美的音乐，而不应该喜欢那颓废的音乐。"

晋平公听了无动于衷，坚持让师涓弹奏完琴曲。师涓无奈，只得继续弹奏。当最后一个音符刚刚消失，师旷又正告晋平公说："商纣王沉溺靡靡之音而亡国，大王应引以为鉴，不能让这种音乐在宫廷里得以泛滥。"

这件事令师涓感触颇深，事后对师旷说："若不

《临流抚琴图》

是你及时点破，我师涓差一点成了千古罪人啊！"师旷也为师涓的真诚感动。他知道师涓精于审音，就请他帮助审校晋国新铸的乐钟。

　　原来，晋平公让乐工铸了一口大乐钟。宫廷的乐师和乐工听了钟声后，交口称赞，都认为钟声悦耳、合乎音律。唯独师旷持不同意见，他感到乐钟的音律不准，请求重铸。当时没有校音设备，乐钟到底合不合音律，无法鉴别。晋平公不相信，师旷仍坚持己见，并对晋平公说："世上真正知音的人，将来会听出钟律不协调，那时候臣真为大王感到羞耻呢！"这次正好赶上师涓到晋国，师旷请他出面校正乐钟。师涓一校，果然发现乐钟音律不协调，验证了师旷的正确判断。卫灵公此时才觉得挽回一点面子。他所津津乐道的琴曲，原来是亡国之音，当时很是觉得此行非常丢人，如今师涓校钟体现了卫国的音乐水平。这正是：濮水岸边录琴声，却是商纣亡国音。

师旷促轸鹤飞翔

话说上回说到师旷审音，其实师旷不仅精于音律、擅长辨音，而且能奏多种乐器，尤以古琴著称于世，是当时旷古无俦的音乐家。

春秋时期，按周朝的规制，音乐技艺和德行才干十分出众的乐人可以被任命为太师或少师。师涓是卫国的掌乐太师，而师旷则是晋国的掌乐太师。师旷自幼学习音乐，虽然刻苦用功，却收效不大。他听人说：技之不精，由于多心；心之不一，由于多视。为了精研音乐，他点燃艾叶熏瞎了自己的眼睛，从此专心致志地学习音乐。五彩缤纷的视觉世界的消失，使师旷内心变得更加细腻，有了一双精于审律辨音的耳朵和无与伦比的演奏技艺。他的演奏指法奇妙，又掌握了旋宫转调的方法，不拘泥于什么尺度规矩，演奏出的声音总是那样和谐美妙，无一不合于音律。

史书典籍中充满激情地描写了师旷的高超琴艺：当师旷弹起琴，马儿停止吃草，仰头侧耳倾听；当师旷抚弦鼓琴，天上神灵为之驻足，白色的鹄翩翩起舞环绕在他的身旁；当师旷琴奏妙曲，白色的神燕衔来神奇的丹书，黑色的仙鹤衔来璀璨的明珠，玉龟也从河东之涯游来，玉马也从西方大泽赶来……

清刊本《东周列国志》插图《师旷促轸鹤飞翔》

　　话说周灵王的太子名叫晋，虽然年轻却聪明过人。晋平公在位期间（前557—前532年）曾派大夫叔向出使周朝，拜见太子晋。叔向面对能言善辩的太子晋，什么也说不清，只得无功而返。晋平公深以为忧，想派人再去见太子晋以探虚实。这时师旷主动请缨，晋平公就派他去拜见太子晋。

清代苏长春作品

　　师旷见了太子晋,两人谈论如何仁义治国,相互反复诘难,不分上下。太子晋见师旷学识渊博,论辩精辟,不由生出了几分敬意,故特意宴请师旷。太子晋喜欢吹笙,笙声绝妙,好似凤凰的鸣声。席间,太子晋想听师旷弹琴。师旷知道太子晋精通音乐,宾主又谈得投机,自然不会让太子晋扫兴,便操琴弹奏起来,一边弹一边唱。唱的是即兴编的歌:

　　国家确实很安宁,南北客人多来临。

　　修行仁义有规矩,虽好燕乐不荒淫。

　　一曲初罢,师旷把琴递给太子晋,请他也弹琴歌唱。太子晋正兴趣盎然,就弹唱起来:

我朝虽然重仁义，德行尚未达边陲。

效法尧舜理应当，贵宾夸奖实有愧。

两人都是音乐行家，借琴音歌声交流达成共识。最后太子晋好奇地问："听说太师用琴声占卜吉凶很灵验，能算出人寿的长短，你能说出我的寿数吗？"

师旷听了太子晋的话，面有难色，迟疑后才说："不敢贸然说太子寿数！"

太子晋笑着说："太师不必多虑，心里怎么想就怎么说。"

师旷这才说："太子的声音清细，散而不收，可见太子的肤色是红白相间的。按照五行之说，火色之人不寿……"

果然不到三年，太子晋仙逝的消息就传到晋国，人们才知道师旷真个神明。

师旷离开周朝时，太子晋为了表示对师旷的尊重和对晋国的友好，专门派四马龙车送师旷回国。

师旷是一个恪尽职守的掌乐太师，凭自己的音乐技艺，为君王提供音乐享受；更凭自己的智慧，向君王提供了富有哲理的意见。晋平公对师旷十分信任，一有事就找师旷来商量。

晋平公制成一张琴，视之如宝。但琴的大弦音高和小弦音高相同，晋平公请师旷来调整。师旷手拨琴弦，顿时就发现这个问题，说："对

唐代吹笙引凤葵花镜。吹笙者为周灵王太子王子乔

于琴来说，大弦就像是君主，小弦就像是大臣。只有大小相应，各得其所，才能和合阴阳，奏出美妙的声音。如今，大王让它们相互混同，我这个

瞎子怎么能调好它们呢？"师旷既说出了琴道，又巧喻了政事，晋平公不得不佩服。

有一次，晋平公与群臣饮宴，喝酒喝得高兴时，突然洋洋得意地说："人生快乐莫过于做国君了，只有国君的话才没有人敢违背。"师旷正陪坐在晋平公身边，只见他抱起琴来，就向晋平公撞去。晋平公慌忙躲避，衣服都扯破了，琴也被撞到了墙上。晋平公惊愕地问："太师是撞谁人？"师旷理直气壮地说："刚才有一个无知的小人在说狂话，我撞的是他。"晋平公忙说："你知不知道，说话的是我呀！"师旷说："这话不像国君应该说的话！"在场的大臣纷纷进言说："冲撞国君，该当死罪！"晋平公沉思片刻，悟出点什么，说："原谅太师吧！就算他劝谏我一次，这事可为寡人鉴戒。"看来晋平公还是个肯纳劝谏的国君，尽管师旷劝谏的手段有点过分，但晋平公还是容忍了他。

晋平公最喜欢听师旷弹琴，春秋时琴曲又以悲为美。有一次，晋平公问师旷："《清商》是最悲婉动听的曲子吗？"师旷回答说："不是，《清商》不如《清徵》。"晋平公提出："我可以听听吗？"师旷执拗地说："昔日能听《清徵》的，只能是德行高尚的君主，大王德行还不够格，不足以听此曲。"晋平公坚持要听，说："我不管这些，只想听听就满足啦！"

师旷拗不过晋平公的强求，只得弹奏一曲。果然大妙，琴声清越飘逸，悠扬婉转，不仅在殿堂内回响，还飞上九霄云天。当师旷用奇妙指法弹奏第一段时，立即有十六只仙鹤从南方飞来，聚集在宫殿廊门横档上；弹奏第二段时，只见仙鹤整齐地移步成行，排成两队；当第三段乐曲奏响时，仙鹤和着乐曲旋律，伸颈长鸣，舒开翅膀，翩翩飞翔。那鸣叫声合着宫商的音律，在天际久久萦回。晋平公大喜叫绝，赞叹不已，满座朝臣也无比喜悦、兴高采烈。

晋平公意犹未尽，又问师旷："还有比《清徵》更优美好听的吗？"师旷回答说："当然有啊，《清角》就比《清徵》更美。"晋平公又请求师旷弹奏，说："我能不能也听听《清角》？"师旷回答得十分坚决："不行！《清角》一曲非同寻常。古时黄帝在泰山会合天下鬼神，就是在这种庄严隆重场合时演奏《清角》的。今日大王德行浅薄，不能让你聆听，听了恐怕有祸害。"尽管师旷表明了态度，但晋平公死乞白赖地要听。

他几乎恳求地说："我已老了，无所谓，只不过喜欢琴声而已。请你遂了我的心愿吧！"

清代金农漆书作品。释文：晋君问于师旷曰："吾年七十而欲好学，得无既老而有所不可乎？"师旷曰："胡为不秉烛。"留，君以为其戏之也。师旷进曰：臣闻少而学，如日出之阳；壮而学，如日中之光；老而学，如秉烛之明。秉烛者，贤于暗行矣

师旷无奈，不得已只好弹奏《清角》。当第一声琴声响起时，犹见一片乌云从西北方涌起，顷刻间天昏地暗、尘土飞扬。随着师旷指下流出的玄妙琴声，狂风呼啸而来，暴雨倾盆而下，撕裂了帷幕，吹坠了瓦片，摔破了祭祀礼器，满堂听琴的人惊恐万分，吓得四处躲逃。晋平公更是惊慌异常，抱头鼠窜，躲在廊室一角瑟瑟发抖。接下来更加奇异了。晋平公得了瘫痪病，卧床不能动；晋国又出现三年大旱，寸草不生。这

近乎神话般的故事，极力渲染了师旷琴艺的神妙，后世莫不为之叹服。

师旷是春秋时期一批琴师中最引人瞩目的一个，他还长于作曲。流传下来素以"曲高和寡"著称的《阳春》《白雪》琴曲就是师旷所传。据说黄帝曾让素女用五弦琴弹奏《阳春》《白雪》，师旷效其法制作，使之流传人间。明代琴家朱权《神奇秘谱》列《阳春》于上卷宫调，列《白雪》于中卷商调。解题中说，《阳春》是取万物知春、和风淡荡的意思，《白雪》则是取凛然清洁、雪竹琳琅的声音。还有《玄默》又名《坐忘》，也是师旷所作。

晋平公死后，史书上不见再有师旷活动的记载。他像所有伟大的哲人一样，理智平静地离开了人世。我们无法知道具体时间，只能推测

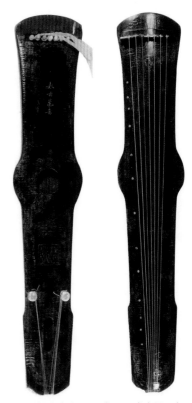

师旷式古琴又称月琴式古琴，相传为古代大音乐家师旷所制。琴体在项腰间作圆月形，造型奇特，音韵如磬

他的卒年大约与晋平公的卒年相近。极具传奇色彩的师旷成为后世人们心目中哲理和音乐的化身。这正是：德行琴艺人化境，琴声感通连天地。

师文动操寒暑变

话说春秋时期著名琴家辈出。郑国有一位琴家叫师文，琴艺精湛无比。唐代琴家司马承祯《素琴传》中称颂师文叩弦则"景风翔，庆云浮，甘露降，醴泉涌"，此明"闲音律者，以琴声感通也"。

《列子·汤问》说了师文的故事。师文年轻的时候，听说琴家瓠巴弹琴，能使飞鸟起舞、鱼儿欢跃，就立志要学习弹琴。他便走出家门，拜师学琴。当时有个著名琴家叫师襄，是鲁国的掌乐太师，孔子当年曾拜他为师学过弹琴。师文便投拜师襄门下，跟随他学琴。

不知不觉三年的时间过去了。师文按指调弦，各种指法无不精通，可就是弹不好一首完整的琴曲来。师襄看他学得十分用功，指法技巧也掌握了不少，可不解他为什么就弹不出完整的曲子。师襄心里很急，认为师文不宜学

水深幽涧落鸣泉风入长林
起暮烟相對已多山水意不
酒重奏伯牙絃
後學彭年

草徹窝木畫信卜物光哈鹭
孙绾絷程琴水弦不成曲由
未山水在知音
湘明

喬柯如玉落清陰種子金
將七人琴流㕬髙山堪寄興
庶頃城市寬知音
吳寬題

酒罷茶餘思兀然未能除
得舊琴緣臨流試把金徽
拂流形冷冷寫七絃
唐寅

明代唐寅作品《临流试琴图》。款识：酒罢茶余思兀然，未能除得旧琴缘。临流试把金徽拂，流水泠泠写七弦

琴。有一天，他把师文叫到自己跟前，说："你还是回家吧！"

师文一听老师的话，看出老师是嫌自己太笨，怕自己学不成功。他慢慢地放下手中的琴，叹了口气，说："我并不是不能调弦，也不是弹不好乐曲，我的问题不是在指法和弦法上，而是我的志向还没有完全在琴音上。我没有真正理解琴音的本质，我心中所存在的不是琴弦，脑子所想的也不是琴声，内心不能专注如一，心外便不能与乐器相应。所以，不敢放开手去拨动琴弦，弹奏起来尽管指法娴熟，但不能很好地表现在琴上。请你不要让我回家，姑且再给我一次机会。稍等一些日子，看看我学得怎样。"师襄听他说得在理，也为他的诚恳所打动，就同意留他再学些日子。

师文心里琢磨，古人制琴原以治身，涵养性情，禁止淫荡，消除奢侈。如果要弹琴先要心不外想、心不急躁，做到气血和平、心志沉静，使内心和谐沉稳，忧乐无法介入，纯任天真荡漾。当你真正领悟了其中的天然之理，连生死也不能连累心灵，这时才能与神合灵、与道合妙。于是，师文有时登上山巅，有时来到水边，焚香静坐、衣冠整齐、杂念全无、心志专一。这才两手从容抬起，开始拨弦。天长日久，就这样又练习了一段时间，师文觉得有些

清代何翀作品《松荫抚琴图》

长进，就去拜见师襄。

师襄一见面就问师文："你的琴学得怎么样了？"

师文回答说："这回应该说练得差不多了。"

师襄说："你弹奏一曲试试看。"

师文这时心身俱正，摆好古琴，静默片刻，开始弹奏起来。师襄在一旁静静地听着，觉得琴音果然大有进步，心里十分高兴。等师文一曲弹完，师襄故意问师文："你知道你的琴艺为什么有长进吗？"

师文回答说："弹奏古琴，只有内得于心，才能外应于器，然后方才能够放手自如。如果不能内得于心，也就无法外应于器。光是两只手在那里拨弹，即便是技巧再娴熟也弹奏不出好的琴声来。只有心、器、手三者互应，才能真正弹奏好琴曲。学生苦思日久，方悟出其中道理。

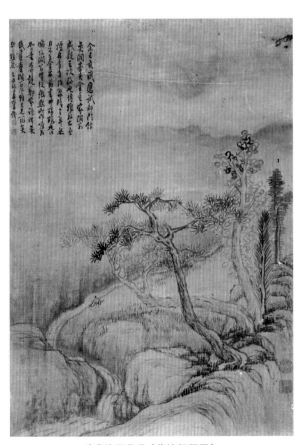

清代张熙作品《临流抚琴图》

在心、器、手三者之间，得之于心是首。过去学生只知道学习指法技巧，而心里没有真正理解琴音的本质。故而，只是得之于手。如今明白这个道理，潜心专在得之于心上下功夫。果然，琴艺有所进步。"

师襄十分高兴，说："看来你是个聪明人，也是最懂琴的人，如此学下去必成大器。"师襄对这位弟子格外赏识，更加细心地指导他。

春回大地，又是一年，师文琴艺颇不一般。这天，师文临水抚弦，拨动商弦，奏出了南吕乐律。忽然凉风四起，草木随之黄落，连树上的果实也成熟了。中国古代阴阳五行理论把五音宫、商、角、徵、羽和五行金、木、水、火、土及四时春、夏、秋、冬相配。其配合关系为：角音为木属春，徵音为火属夏，商音为金属秋，羽音为水属冬，宫音为土属长夏六月并兼有四季。中国古代律制，从黄钟律标准音起，用三分损益法，在一个八度内连续产生十一律，使每相邻两律之间都形成半音，称为十二律。其由低到高依次为：黄钟、大吕、太簇、夹钟、姑洗、仲吕、蕤宾、林钟、夷则、南吕、无射、应钟。古人又把十二律与一年十二月相配，从黄钟开始，依次为十一月、十二月、正月、二月、三月、四月、五月、六月、七月、八月、九月、十月。师文叩商弦，商为金音属秋，南吕为八月律，春天奏出八月律南吕竟使春天变成秋天。

秋天到来时，师文又弹奏起属于木音春天的角弦，奏出二月律夹钟。奇迹又出现了。和煦的春风扑面徐来，渐近枯黄的草木随之也立刻发青萌芽。

夏天刚刚到来，师文又拨动属于水音冬天的羽弦，奏出了十一月律黄钟。顿时，寒风袭来，霜雪交加，江河池塘突然冻结成冰。

冬天来临，师文又拨动属于火音夏天的徵弦，奏出五月律蕤宾。顷刻，阳光炽烈、照耀大地，坚冰立即融化。

当师文拨动宫弦，弹奏春、夏、秋、冬四弦时，清风回翔，祥云飘荡，甘露普降，醴泉喷涌，琴声感动了天地。

师襄看到弟子师文弹奏得如此出神入化，兴奋不已，按捺不住内心的激动，竟蹦跳起来，说："师文啊师文，你弹奏得真是太神妙了！晋国琴家师旷弹奏《清徵》，十六只玄鹤在廊门前降落，引颈和鸣，舒翼起舞；齐国邹衍吹奏乐曲，五谷不能生长的寒冷北方也会变得春暖花开起来。但是他们也不能超过你，他们将要挟着琴弦、拿着箫管，跟在你后面来向你学习请教了。"师襄的话果然灵验，师文真的成了晋国著名的琴家。师文以心志为根本的学琴体会耐人寻味。只有得之于心、应之于手，方可以成为天下最擅长弹琴的大家。师文为后人推崇备至，奉为弹琴妙手。这正是：拨弦弹琴寒暑变，至诚心志金石动。

孔子学琴悟意蕴

话说古琴脱离庙堂而成为文人手中赋诗弦歌的重要工具，大约是从三千多年前的西周晚期至东周初期开始的。或许因为古琴有如此高贵的血统，古琴才成了文人抒情写意、修身养性与接受教育的必备工具。孔子杏坛上鼓琴弦歌，弟子在坛下跟着习读，甚至遭厄于陈、蔡，孔子依然很乐观地鼓琴弦歌不辍。孔子当是文人与古琴合而为一体的第一人。孔子的一生，树立了"士无故不撤琴瑟"的典范，留下了千载流芳的孔子琴。从此"士无故不撤琴瑟"逐渐成为文人的时尚。琴与文人共呼吸、同命运，同生存、共发展，结下了不解之缘，这种现象几乎贯穿了中国上下几千年的文明史。所以，琴与其他乐器不同。它不仅是造琴工匠制作的一般乐器，而且更是文人直接参与制作的、蕴含了中华文化精髓的艺术珍品。

孔子（前551—前479年）是春秋时期著名的思想家、教育家。孔子和他所开创的儒家学派，非常重视音乐的社会作用和教化作用。孔子同时还是一位杰出的音乐家。他会弹奏许多乐器，并会击磬、鼓瑟、弹琴、作曲、唱歌。他在与人一同唱歌时，如果人家唱得好，他一定请人家再唱一遍，自己洗耳恭听，然后再和一遍。孔子把音乐作为人生修养的最高阶梯。他不仅自己弹琴，而且还在门人弟子中提倡弹琴，把习琴看作是重要的乐教。

《孔子家语·辩乐解》记载：孔子听子路弹琴后，发了一通关于音乐的见解。孔子还作有琴曲《陬操》，以伤悼被赵简子杀害的两位贤大夫。现存琴曲《龟山操》《获麟操》《猗兰操》相传也是孔子的作品。按照周代的礼制，"士无故不撤琴瑟"。《诗经》三百篇，孔子皆"弦歌之"。儒家师徒喜爱琴瑟"弦歌不辍"的榜样，为后世的文人士大夫所倾慕，使得琴乐的古老传统代代传习、不断发扬光大。

孔子之所以能成为春秋时期的著名哲学家兼教育家，并不是由于他聪明过人，而是由于他不耻下问、好学不倦，活到老学到老。孔子几乎向一切可以学习的人学习。他曾经"见郯子而学焉"，又曾经"访乐于苌弘""问礼于老聃""学琴于师襄"，甚至向一个只有七岁的小孩子项橐求教。他自己说得好："三人行，必有我师焉！择其善者而从之，其不善者而改之。"

孔子喜欢弹琴，曾学琴于师襄。孔子学琴，绝不像有些人那样"囫囵吞枣"，而是把"学"和"思"结合起来，求其融会贯通。他的这种精神，使师襄大为感动。据《史记·孔子世家》的记载，孔子曾学琴于师襄。在师襄教授了一个曲子后，孔子一连反复弹奏练习了十天，专心致志地演习，并没有要求再添加新的曲子进行学习。师襄感到奇怪，就说："这一曲调你已经完全掌握了，你可以换个曲子练练了。"孔子说："我虽然已经熟悉了这部乐曲，但是还没有熟练地掌握弹奏这一曲的所有技法，还需要继续练习。"过了一段时间，师襄又对孔子说："我听你弹的曲子，你已熟练掌握了弹奏这一曲的所有技法，下一步可以学新曲子了。"不料孔子回答说："我还没有领会乐曲中所表达的情感和意蕴，我还需要继续在弹奏中深入地体悟。"又过了些天，师襄再次问："这个意蕴，看来你已经完全领会了。你的琴声里面，已经表达了曲谱的情感和意蕴。"孔子回答说："我还没有将作曲者是怎样的一个人体会出来，我还要继续练习。"师襄觉得孔子讲得有道理，也就不再催促了。

又过了些时候，师襄再次来到孔子跟前，却看到孔子正专心致志地沉浸于抚琴中，面色肃穆沉静，好像在沉思着什么；接着又好像心旷神怡，显出了洞穿幽远深邃的表情。而后抚琴一按，开口高兴地对师襄说："我感悟出了作曲者是个什么样的人了。他的肤色黝黑，身材高大，有王者之相，目光明亮而深邃，好像一个统治四方侯的王者。这个人，除了周文王又有谁能够如此呢！"师襄听罢，大吃一惊，赶快恭敬地离开座位，给孔子施礼，拜了两拜，说："原来我老师教我这个曲子时，就说过了，此曲的名字正是叫《文王操》呀！"

清刻本《孔子圣迹图·杏坛礼乐》

唐代白行简《夫子鼓琴得其人》，写孔子向师襄学琴，逐步认识琴中所写的圣君文王："宣父穷玄奥，师襄授素琴。稍殊流水引，全辨圣人心。慕德声逾感，怀人意自深。泠泠传妙手，撼撼振空林。促调清风至，操弦白日沈。曲终情不尽，千古仰知音。"写孔子学琴在于认识圣人之心，所以不同于伯牙子期的高山流水相知之旨。圣人之德在琴，是愈感知愈

清刻本《孔子圣迹图·问礼老聃》

觉得广大悠远，对圣人的怀念，则愈感知愈觉得深厚崇高。因之学会《文王操》乃知文王，其情传千古不绝。这首诗所表达的圣贤之琴，乃是在孔子学琴中写出，更加倍虔诚。

《韩诗外传》与《孔子家语》对此事也有相似的记载。《孔子圣迹图》是后人据孔子一生的事迹绘之于图，以昭示来者。其中《学琴师襄》图的画面是孔子面对师襄而坐听琴；右侧孔子身后亦有一老者在案前抚琴，旁立三人听；左侧师襄后立一人，旁有四童擦物、烧酒、提壶干杂活。文字是：

孔子学鼓琴师襄子，十日不进。师襄子曰："可以益矣。"孔子曰："丘已习其曲矣，未得其数也。"有间，曰："已习其数，可以益矣。"孔子曰："丘未得其志也。"有间，曰："已习其志，可以益矣。"孔子曰："丘未得其为人也。"有间，有所穆然深思焉，有所怡然高望而远志焉。曰："丘得其为人，黯然而黑，几然而长，眼如望羊，如王四国，非文王其谁能为此也！"师襄子辟席再拜，曰："师盖云文王操也。"

——出自《史记·孔子世家》

《孔子圣迹图·学琴师襄》（局部）

　　师襄是当时著名的乐师，会击磬，也会鼓琴。孔子向他学习琴曲时，他几次让孔子"可以益矣"，但孔子都认为自己的练习还不够，要再继续体会音乐的意蕴。经过反复练习与细心体会，孔子最后从琴曲中悟到了"人"才满意。这个故事除了描写孔子的学习态度外，还描写了孔子

清刻本《孔子圣迹图·学琴师襄》（局部）

对琴曲《文王操》学习和理解几个不同的感知阶段："习其曲""得其数""得其志"和"得其为人"。习其曲，只是将琴曲练熟了；得其数，是在熟练的基础上对琴曲的音乐内涵有了一定的感知；得其志，是在前两者基础上领悟到了某种音乐的实质；最后得其为人，才从琴曲中感悟到了音乐的蕴含，像看到了一个"黯然而黑，几然而长，眼如望羊，如王四国，非文王其谁能为此也"的"人"。

师襄并没有告诉孔子所习琴曲的内容，但孔子经过自己的练习与体验，感悟到了这曲子表现的是文王。这不但令师襄惊奇，而且让他对孔子肃然起敬，说老师也说过这首琴曲是《文王操》。故事对孔子的学习精神予以充分肯定。尽管对他的音乐理解能力有些夸张成分，但"曲""数""志"三种不同的感知深度以及最后对"人"的体悟，是对琴曲由表层的乐音到"弦外之音"的理解过程。孔子学琴的故事，给世人感知、理解乃至认知音乐作品的本质提供了鲜活的例证。

伯牙摔琴谢知音

　　话说春秋时期楚国著名琴家伯牙，在年轻的时候，曾投拜一代鼓琴名家成连门下学琴。名师指点，弟子勤学。光阴荏苒，不觉三年过去。此时，伯牙琴艺大进，抹挑勾剔等技法灵活自如。弹奏的琴声，清脆悦耳，圆润悠扬，但总让人觉得还缺少点什么。成连不愧为一个高明的音乐教育家，他的教学方法十分独特，善于调动弟子的主观能动性。他借口带伯牙去东海蓬莱山拜见方子春，实际上是让伯牙独自在大自然中寻求一种感受。伯牙身处孤海边，整日与海为伴，与树林飞鸟为伍，感情自然地发生了变化。体验感情，陶冶心灵，真正领悟到琴艺的本质。这种师法自然学琴的过程，是一个寻求声韵合一、心音相映的悟性过程，也是一个音乐情感升华的过程。从此，伯牙琴艺大进，琴声妙绝天下。伯牙学琴，海上移情，通过切身体验，凭内在的灵感，创作并弹奏了激动人心的名曲《水仙操》。

名师出高徒。伯牙在成连的精心培养下，成为天下妙手。且说楚王好声色娱乐，闻知伯牙载誉世间，就派人把伯牙召进宫中，专门让伯牙为他弹琴。一次，楚王君臣饮宴，令伯牙鼓琴侑酒助兴。伯牙弹奏了他的成名之作《水仙操》，但他怎么也没有想到，如此一首美妙的琴曲，却不能引起楚王君臣的丝毫兴趣。这楚王平时看惯了眼送秋波的女乐的歌舞表演，根本不懂得欣赏音乐，只知道满足自己的声色要求，对伯牙弹奏的《水仙操》这样高雅妙绝的曲子无动于衷。楚王连连摇头，令伯牙退了下去，换上女乐表演。

伯牙伤心至极，闷闷不乐地退出宫外，满腹惆怅地踱步经过马厩。几匹正在吃料的马儿，看见人来，似乎通人意，一齐抬头亲热地嘶叫，好像在和人打招呼似的。伯牙见状，不由心动，对着马儿自言自语："整个楚宫

元代王蒙作品《伯牙鼓琴》

无人知晓琴艺。马儿啊，难道你们懂吗？"马儿闻声仰头。伯牙说："我就为马儿弹奏一曲。"说罢，席边而坐，煞有介事地边弹边唱："琴艺高妙无知音，知音难觅奈我何！不见知音对谁弹，一曲弹罢自叹息。"马夫听了歌声，牵来一匹马，对伯牙说："这里不是你久留之地，快点去别处吧。"伯牙经马夫一指点，立即醒悟：楚王宫里没有知音。便收琴上马，辞别马夫，直奔晋国而去。

《荀子·劝学》用"伯牙鼓琴而六马仰秣"生动描绘了伯牙弹琴的神技和琴声的魅力。意思是伯牙的琴声令正在吃草的马儿也忘了吃草，仰起脖子来倾听。真是人不如马。如此妙音在楚王宫里竟无人能欣赏，不亦悲乎！"伯牙鼓琴而六马仰秣"成为后人熟知的成语典故，以形容技艺高超的音乐家和动人心弦的音乐。唐人顾况《刘禅奴弹琵琶歌》诗中有"羁雁出塞绕黄云，边马仰天嘶白草"之句。五代人韦庄《赠峨眉山弹琴李处士》诗中说："锦麟不动惟侧头，白马仰听空竖耳。"

北京颐和园长廊壁画

说到伯牙，人们便会想到千古名曲《高山》和《流水》，又会想到家喻户晓的知音典故。伯牙到晋国当了大夫。一次，伯牙奉命出使楚国，途中遇上狂风暴雨，只好泊船在汉阳江口山崖下。夜晚，云开雨止，江面上风平浪静，伯牙独坐船舱，觉得闲闷无聊，就取琴弹奏起来。正弹得入神，突然琴弦断了一根。伯牙大为吃惊，知道此时此刻必定有人在偷听他弹琴，便起身走出舱外，大声呼问："何人在此听琴？"岸上有人回答："船上大人，不必见疑，适才因躲雨才得以听到琴声。"

伯牙接着说："你既然听琴，知道我方才弹的是什么曲子吗？"

"我要是听不懂，就不在这里站立多时听琴。方才你弹的是《泣颜回》。歌词这样唱道：'可惜颜回命早亡，教人思想鬓如霜。只因陋巷箪瓢乐。'你弹到这一句时就断了琴弦。最后一句曲词，我记得该是'留得贤名万古扬'，敢问大人对不对？"岸上人说话不俗。

伯牙一听，此人不仅说出曲名，还唱出歌词，很是惊异，急忙热情地请他上船细叙。这人上了船，伯牙一看，只见他头戴斗笠，身披蓑衣，手持扁担，腰插柴刀，好一个山里樵夫。伯牙请问樵夫姓名，才知道是大名鼎鼎的钟子期。

且说钟子期是一个具有很高音乐修养的人，尤善于听辨音乐，因不愿做官，隐居山林以打柴为生。有一天晚上，钟子期忽然听到近处有人在击磬，声音凄凉，搅得他难以入睡。于是，他披衣出门找来击磬人，问道："方才是你击磬吗？"击磬人点点头。钟子期又问："声音为什么这么悲哀？"

击磬人一脸痛苦，说："我的父亲不幸杀了人，被判死刑。母亲无辜受牵连，沦为官家酿酒的奴隶，我也沦为官家击磬的奴隶。我们母子已整整三年没见面了。昨天，我在集市上，远远看见正在做苦工的母亲，我想把母亲赎回来，但我身为官家的奴隶，又身无分文，哪里出得起赎金赎回母亲呀！我痛苦地击磬，没想到磬声惊动了先生。"

钟子期感叹地说："悲哀呀，真是悲哀！人的心不是手臂，手臂也不是木槌，也不是石磬啊！悲哀存在人的心里，通过槌和石磬的声音表现出来。故而，人心里有什么真情实感，就会从各个方面表现出来。自己动了感情，也就自然去感动别人，这种感情不一定非要勉强用语言才说出来。"

钟子期善于听辨音乐，自然也就听得出击磬人磬声里表现出的悲哀。

清代雕嵌镶花板《伯牙弹琴遇知音》

钟子期算是击磬人的知音。

伯牙见钟子期出言不凡，想试试他是否真的能听懂音乐，就说："我心里想什么，就在琴声中表现出来，你能听出来吗？"

钟子期说："《诗经》中说：'他人有心，予忖度之。'你不妨弹奏一曲，让我试试看。"

伯牙换好琴弦，调试琴音，想了片刻，弹奏起来。他弹奏的是自己新创作的曲子，钟子期当然是从未听过的。当伯牙弹出铿锵刚健的琴声，心里想到要表现高山。在一旁听琴的钟子期立即领悟到琴声的寓意，感叹地说："你的琴声美妙极啦！是那么崇高，巍巍耸立，志在高山啊！"伯牙暗暗称佩，弹奏的正是《高山》一曲。伯牙不动声色，凝神聚思，继续弹奏。琴声委婉曲折，柔和连贯，表现的是流水。钟子期随即领悟到，又感叹地说："你的琴声真是美妙啊！是那么流畅，奔流不息，意在流水。"伯牙惊讶，弹的正是《流水》一曲。

明代仇英作品《人物故事图册·高山流水》。春秋时期，俞伯牙善于鼓琴，钟子期深谙琴趣

钟子期听琴——道出伯牙琴声所表现的音乐形象,令伯牙大为惊喜。放下琴起身上前施礼,禁不住连声叫道:"知音啊,知音啊,真正的知音!"伯牙从内心里敬佩钟子期审音辨乐的能力,庆幸自己遇到知音。两人推心置腹地长谈起来。意气相投、志趣相同的伯牙、子期,当即结为知音好友。伯牙为兄,钟子期为弟。

后来又有一次,伯牙和钟子期同游泰山。走到泰山北麓时,正好遇上暴雨,两人便躲在山岩下避雨。大雨滂沱,山溪飞流,伯牙顿感有一丝悲凉,便弹奏起琴来。随着琴曲旋律的转换和心绪感情的变化,在一旁的好友钟子期都能每每感受到琴声所传达出的意境和情感。他一一道来,令伯牙佩服得五体投地。他说:"琴声先是像水滴般的淅沥之声和雨丝似的萧瑟之声,听此琴声犹如天降甘霖一般的清凉。最后,当琴声的旋律达到高潮时,就好像山崩地裂那样的悲壮。"伯牙放下琴,紧紧握着钟子期的手,说:"真难得啊!你对琴声的感受体会,是那么的真切,又是那么得体;你对琴声的想象,简直和我心里所想的如出一辙。我对你没有什么可隐瞒的,我的心里全让你看得一清二楚。"

光阴似箭,日月如梭。后来钟子期不幸英年早逝,伯牙痛失知音,流泪叹息,专程赶到钟子期墓前,号啕大哭,并取出琴来,弹奏了最后一曲,以凭吊故去的知音。他边弹边唱:

摔碎瑶琴凤尾寒,子期不在对谁弹?

春风满面皆朋友,欲觅知音难上难。

元代王振鹏作品《伯牙鼓琴图》

　　弹完唱罢，伯牙割断琴弦，摔碎瑶琴，并发誓今生今世不再弹琴。伯牙和钟子期的真挚友谊成为后人的典范，也成为后世诗文常用的典故。唐人薛能《春日书怀》诗说："伯牙琴绝岂求知，往往情牵自有诗。"温庭筠《哭王元裕》云："闻说萧郎逐逝川，伯牙因此绝清弦。"罗隐《重过随州故兵部李侍郎恩知因抒长句》有云："庄周高论伯牙琴，闲夜思量泪满襟。"薛涛《寄张元夫》更云："借问人间愁寂意，伯牙弦绝已无声。"李咸用《览友生古风》诗说："伯牙鸣玉琴，幽音随指发。不是钟期听，俗耳安能别。"崔珏《席间咏琴客》又说："七条弦上五音寒，此艺知音自古难。"韩愈《赠崔立之评事》则说："知音自古称难遇，世俗乍见那妨哂。"邵谒《赠郑殷处士》更说："知音既已死，良匠亦未生。"以上是唐人诗中运用伯牙与钟子期的典故的例句。千百年来，伯牙和钟子期的故事一直为世人所传颂。

清代黄慎作品《伯牙鼓琴图》和草书七言联对联。画款识：攫之幽愁如水赴谷，醒之萧愁如脱木叶。按之嗫然应指而长，言者似君置之模愁，遗形而不言者似仆。瘿瓢。 对联识文：闲拈明月裁唐句，细嚼梅花读汉书

　　伯牙虽没有什么琴学著作传世，但他的故事却启迪了后世的音乐家，成为人们所追求的理想和目标。传为他所作的几首琴曲，成了中国古代音乐文化的瑰宝。其《高山》《流水》则为历代琴家经常演奏的琴曲，现存曲谱最初载于明代的《神奇秘谱》。书的题解中说：《高山》《流水》

二曲，本只一曲……至唐分为两曲，不分段数。至宋分《高山》为四段，《流水》为八段。清代川派琴家张孔山对《流水》一曲进行加工，增加了许多滚、拂手法，借以增强水势湍急、波涛汹涌的艺术效果。后人称之为《大流水》或"七十二滚拂"《流水》。今人所弹奏的《流水》多为张孔山《天闻阁琴谱》所刊的曲谱，全曲分为九段。

伯牙作为春秋时期琴家的杰出代表，他的高超绝世的琴艺，世世代代为人传诵。这正是：白马仰听唯竖耳，高山流水觅知音。

北京颐和园长廊壁画

百里奚听琴认糟糠妻

　　话说我国春秋时期著名的政治家、思想家和军事家百里奚，字子明，生活在一个群雄逐鹿、血流漂杵的社会大动荡大变革时期。在任秦国上大夫期间，他辅佐秦穆公倡导文明、增修国政、实行"重施于民"、让人民得到更多好处的政策，使秦国由一个西陲小国，变成威震天下、八方来服的春秋五霸之一，为秦国最终统一中国的千古基业奠定了牢固基础。百里奚品质高尚，经历曲折坎坷，他的一生极富传奇色彩。

　　百里奚饱读诗书，才学过人，可是家境贫困，加上楚国宗法制度森严，平民没有希望入仕为官。百里奚的妻子杜氏是个很有见识的女子，深知自己丈夫是旷世奇才，于是就鼓励百里奚出游列国求仕。在百里奚出游那天，家中已经揭不开锅了。杜氏一大清早起来，宰杀了唯一的一只下蛋母鸡，劈了门闩炖母鸡、煮小米饭，给丈夫饯行。百里奚从南阳出游求仕后，历经宋国、齐国等国家。因为朝堂里无人，都没有得到录用。

清刊本《东周列国志》插图《百里奚养牛拜相》

在齐国，百里奚陷入困境，一度沿街乞讨，继续求仕生涯。在铚地，他遇见了蹇叔，两人一番高谈阔论后，就结为知己。此后，在蹇叔的举荐下，百里奚到虞国当了个大夫。公元前655年，虞国国君不听百里奚之谏，为晋所灭，晋献公俘虏了虞国君及其大夫百里奚。由于他拒绝在晋国做官，被晋国充作奴隶，在穆姬嫁给秦穆公时候，陪嫁到秦国。在去秦国的途中，百里奚逃回到楚国。楚国国君楚成王听说百里奚善于养牛，就让百里奚为自己养马。刚当上秦国国君的秦穆公，名字叫任好，是一位胸有大志的国君，听说了百里奚是人才，就想重金赎回百里奚。秦穆公的谋臣公子絷说："那楚成王一定是不知道百里奚的才能，才让百里奚养马。若用重金赎他，那不就等于告诉人家百里奚是千载难遇的人才吗？"秦穆公问："那我该怎么样才能得到百里奚？"公子絷说："可以贵物贱买，用一个奴隶的市价，也就是五张黑公羊皮来换百里奚。那样楚成王就一定不会怀疑了。"

当百里奚被押回秦国后，秦穆公亲自接见了百里奚。百里奚说："我是亡国之臣，哪里值

清刊本《东周列国志》插图《百里奚听琴认妻》

得国君垂询。”秦穆公说：“虞君不用你，才使你被掳，并不是你的过错。”秦穆公亲自解除了他的奴隶身份，并与他商谈、讨教国家大事。两人一谈就是三天，言无不合。秦穆公十分高兴，要拜其为上大夫，委以国政，实际上就是把秦国的军政大权都交给了百里奚。百里奚坚决辞让不受，并推荐自己的好友蹇叔当上卿。最后，秦穆公就用重礼将蹇叔请来秦国，让他和百里奚一道做秦国的上大夫。因百里奚是秦穆公用五张黑公羊皮换回来的奴隶，故世人称百里奚为“五羖大夫”。羖，就是黑公羊皮的意思。

百里奚在秦国当了上大夫以后，始终保持着爱民思想。他勤勉政事，劳累不坐车，酷暑炎热不打伞，不用随从的车辆，不带武装防卫，深得秦国人民的信赖。百里奚对内提倡教化，开启民智，按照周朝的官制和朝仪，改变了秦国落后的国体；对外搞好与邻国的关系，不兴战事，使秦国短期内大治。

清代邱塗作品《人物四屏》。右第一幅为百里奚认妻。释文：百里奚为秦相，堂上作乐，所赁浣妇自言知音，因援琴抚弦而歌。曰：百里奚，五羊皮。忆别时，烹伏雌炊扊扅，今日富贵忘我为。奚惊问之，乃其故妻也

有一次，百里奚的相府觥筹交错，宾主笑语频频，非常热闹。百里奚交代歌舞者奏乐演唱、举办堂会来款待客人。在相府内有个洗衣服的女佣听到乐器声后，主动要求为上大夫百里奚演奏一曲，百里奚欣然表示同意。那老妇人走到大庭广众之下，落落大方地援琴抚弦，自弹自唱道：

百里奚，五羊皮。忆别时，烹伏雌，炊扊扅，今日富贵忘我为。

百里奚，初娶我时五羊皮。临当别时烹乳鸡，今适富贵忘我为。

百里奚，百里奚，母已死，葬南溪。坟以瓦，覆以柴，春黄藜，扼伏鸡。西入秦，五羖皮，今日富贵捐我为。

听着这委婉幽怨、耐人寻味、字字真切的歌声，百里奚大为惊讶，就上前去询问，方才知道原来是自己的结发妻子杜氏千里寻夫来到了眼前。百里奚妻杜氏自丈夫离别之后，几十年杳无音信，家境贫困，又逢上灾荒年景，就带上儿子外出逃荒。杜氏讨饭到秦国，打听到百里奚已经在秦国当了大夫。为了能接近百里奚，她设法到百里奚府中当了洗衣的用人。

相堂之上相认后，夫妻两人抱头痛哭起来。秦国人知道这件事情以后，很为百里奚的品质所感动。秦穆公还派人送来了许多财宝馈赠，以示祝贺。从此，百里奚位高不忘旧情、相堂认妻的故事在民间广为流传。东汉应劭《风俗通》也记

沈心海作品，右列第三幅为《百里奚听琴图》

载了这个感人故事："百里奚为秦相，堂上作乐，所赁浣妇自言知音，因援琴抚弦而歌。问之，乃其故妻，还为夫妇也，亦谓之炭廖。"一个传奇，数千年来，以话本和戏剧形式，在民间世代传颂。

1988年，南阳百里奚墓冢所在的麒麟岗上，发掘出一座规模巨大的古墓，出土两百多块画像石。从出土的文物上难以看出年代，但是其雕刻风格十分奇特，与一般的汉画像石截然不同。其中有一块画像石表现的是百里奚认妻的场面：一女子在弹琴，而另一人身体后仰，两手惊讶得高高抬起，两眼审视着眼前的弹琴人。这块古代画像石所讲的正是百里奚认妻的故事。这是一个不同凡响的发现。因为古墓的地址正处百里奚故宅的门前麒麟岗。《风俗通》记载的秦穆公时百里奚家中的洗衣妇唱琴曲就是这个场面。百里奚身为丞相以后没有舍弃结发之妻，留下了一段脍炙人口的爱情故事。百里奚认妻的传奇故事在中国文化史上长盛不衰，且影响深刻。

南阳汉画像石《百里奚认妻》

百里奚个人品质高尚，是完美人格的化身。其高尚品质和爱民思想对中国传统士人的人格形成有很大影响。百里奚故居，在今南阳市区西边麒麟岗上。原有唐开元二十三年（735年）郑琏书五羖大夫碣铭，后废。清康熙三十六年（1697年）知府宋璘镌刻"百里奚故里"碑一通。村东有墓冢一座，高约七米，为百里奚大夫墓。墓前有七石，俗称七星冢。原有碑在墓左，碑刻唐韩尝诗。唐代时候，敬仰百里奚的大诗人李白，多次来南阳游览，感于百里奚伟业，热血沸腾，慨然写下了《鞠歌行》："秦穆五羊皮，买死百里奚。"《南都行》也留下了"陶朱与五羖，名播天壤间"的佳句。到宋代时候，黄庭坚路过百里奚冢，看到的是断垣和残碑，感慨系之，写下了《过百里大夫冢》："行客抱忧端，况复思古人。何年一丘土，不见石麒麟。断碑略可读，大夫身霸秦。虞公纳垂棘，将军西问津。安知五羊皮，自鬻千金身。末俗工媒蘖，浮言妒道真。幸逢孟轲赏，不愧微子魂。"据《史记》记载，百里奚去世后，秦国不论男女都痛哭流涕，连小孩子也不唱歌谣，正在舂米的人也因悲哀而不发出相应的号子。这正是：援琴抚弦忆往事，五羖宰相认老妻。

清康熙三十六年（1697 年）知府宋璘镌刻"百里奚故里碑"

公明仪调弦对黄牛

　　话说战国时期著名琴家公明仪的琴艺令人如痴如醉。他对牛弹琴而被世人讥讽为"蠢人愚夫"，成为后世流传千古的笑话。成语"对牛弹琴"就出于此，人们常用"对牛弹琴"来讽喻那些说话人不看对象，或挖苦那些听话人听不出所言。如《红楼梦》里，林黛玉曾经调侃贾宝玉不懂琴音乐理，好比"对牛弹琴"。其实，公明仪是冤枉的，人们只知公明仪对牛弹琴可笑，而没去认真细究这位著名琴家为什么这么做，从而使公明仪蒙上这千古不白之冤。

　　有一天，阳光明媚，春风和煦，公明仪携琴春游，看到花草茂盛，风和日丽，心情为之舒畅，怡然自乐。这时，不远处绿茵场上有一头黄牛正在吃草。琴家突发奇想：琴声乃天地之神音，能通宇宙万物之灵气，何不为黄牛弹奏一曲，那黄牛听了一定欢乐无比。于是，公明仪走近黄牛，席地盘坐，摆好七弦琴，煞有介事地为黄牛弹奏起《清角操》。黄牛不知是没有听懂这人间的佳音，还是肚子太饿，依然低着头继续大嚼特嚼青草。

公明仪大惑不解。为什么自己煞费苦心地弹了半天，黄牛却无动于衷呢？公明仪没有气馁，又对黄牛进行尝试。他转动琴柱，调整琴弦。既然黄牛听不懂《清角操》，那么就为黄牛改奏一曲。

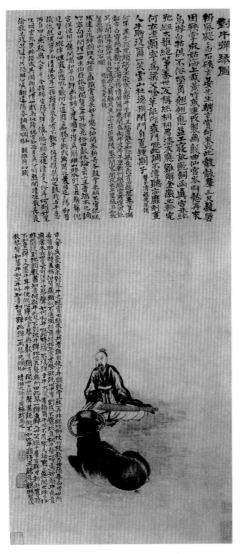

清代石涛作品《对牛弹琴图》

这次，公明仪弹奏的不是玄妙的《清角操》，而是更弦易调，弹奏出蚊虻的嗡嗡声。黄牛闻声以为蚊虻袭来，连忙甩动尾巴驱赶；公明仪又弹奏出孤独小牛的哞哞之声，这时，黄牛就竖起耳朵，仰头四处观望，仿佛在看小牛在什么地方叫唤。这下，公明仪高兴得自言自语："黄牛听懂啦！"

对牛弹琴的原意并非骂人的。故而，南朝梁人僧祐《弘明集·理惑论》云："公明仪为牛弹清角之操，伏食如故。非牛不闻，不合其耳矣。转为蚊虻之声，孤犊之鸣，即掉尾奋耳，蹀躞而听。"显而易见，对牛弹琴必须"合其耳"，顺其意而用之，像公明仪那样"对牛弹琴"。公明仪原先不懂牛的听觉习惯，但经过摸索，改变了曲调，取得了牛的共鸣。公明仪对牛弹琴的试验是可取的，他称得上是中国古代第一位在动物身上进行音乐试验并取得成果的音乐家。

有趣的是，公明仪的牛能听"懂"音乐的这种论断，现在已被证实。人们在乳牛饲养场播放悠扬的音乐，看似牛"伏食如故"，其实牛乳的产量增加了。现代科学对动物进行音乐试验的结果，还证实了动物对音乐有反应。美国一位心理学家为了研究各种动物对音乐的反应，在动物园里用小提琴对着动物演奏各种音乐。结果，蟒蛇昂着头按音乐的节奏左右摇摆，蝎子跟着音乐节奏抑扬舞动，大象直喘气表示愤怒，狼因惧怕而嗥叫，熊则驻神兀立静听，猴子则点头作势……

中国古籍中早有这方面的记载。《荀子·劝学篇》说："昔者瓠巴鼓瑟而沉鱼出听，伯牙鼓琴而六马仰秣。"《列子·汤问》也说："瓠巴鼓琴而鸟舞鱼跃。"这或许是古人在称誉名家演奏技艺时的文学描写，不免带有夸张的成分。但唐代苏鹗《杜阳杂编》说韩志和畜养的蝇虎能谐音律，列队按《凉州曲》舞蹈，无不合拍。唐代郑处海《明皇杂录》说唐玄宗教舞马四百蹄，奏乐曲《倾杯乐》，舞马闻乐起舞，"奋首鼓尾，纵横应节"。而清代陈仪《扪烛脞存》对这方面记载就很具体："猎人舞彩则獐麇注视，弹琵琶则骆驼住叫。声色之好即禽兽犹然。"然而在两千多年前，公明仪的大胆举动却不为人们所理解，被人们耻笑为"蠢人愚夫"。

元代赵凤作品《竹林抚琴图》

说到公明仪对牛弹琴蒙冤含屈，到宋代时又有人对鱼弹琴。南宋陈善《扪虱新话》记载的这则故事被当作笑话传载。说宋代有一个琴家在家中院内凿了一方水池，池子里养了许多鱼。他经常抱琴坐在池边弹奏。一边弹奏，一边把饼末投入池中，鱼儿都浮上水面争相抢食。天长地久，水池中鱼儿只要一听到叮咚的琴声，即使不投放饼末，也会产生条件反射，伴着泼剌声跃出水面。

一天，此人邀客人来家赏琴。他兴致勃勃地为客人弹奏了一曲。琴声响起，鱼儿浮到水面上来。客人不知内情，见鱼儿也争着来欣赏琴声，竟连声称赞是瓠巴再世。于是，人们争先恐后地来拜访他，听他弹琴，向他学琴。对于这位琴家，我们今天无法知道他是有心设置，还是无意为之，但他却做了一次成功的条件反射实验。

既然动物对音乐有所反应，那么植物对音乐是否"无知"呢？宋代王灼《碧鸡漫志·卷四·虞美人》记载了一个植物知音的故事。王灼在谈到《虞美人》一曲的源流后，引《益州草木记》云：

雅州名山县，出虞美人草。如鸡冠花。叶两两相对，为唱虞美人曲，应拍而舞，他曲则否。

又引《贾氏谈录》云：

褒斜山谷中有虞美人草，状如鸡冠，大叶相对，歌唱虞美人曲，则两叶如人拊掌之状，颇中节。

又引《酉阳杂俎》云：

舞草出雅州，独茎三叶，叶如决明，一叶在茎端，两叶居茎

清代颜元作品

之半相对。人或近之歌，及抵掌讴曲，叶动如舞。

又引《益部方物图赞》改"虞"作"娱"云：

今世所传虞美人曲，下音俚调，非楚虞姬作。意其草纤柔，为歌气所动，故其茎至小者，或若动摇，美人以为娱耳。

王灼所引以上四则记载均说虞美人草是知音植物，听见《虞美人》曲则会应节奏而动。为了证实这一点，王灼又引沈括《梦溪笔谈》的一则故事，颇有趣味。

高邮有一个叫桑景舒的琴家精通音律，擅长弹琴，对琴曲颇有研究。他听人们传说，有一种虞美人草，听到《虞美人》曲，就会枝条摇动，叶儿飘舞。如果是其他曲子，虞美人草则没有反应。桑景舒很是好奇，一开始不相信这传说，但他还是想弄个明白，就抱琴对虞美人草弹奏《虞美人》曲进行试验。奇怪的是，虞美人草听到桑景舒弹奏的《虞美人》曲，果然枝叶都动了起来。桑景舒又弹奏别的琴曲，虞美人草却一点没有反应。这下，桑景舒真的相信了前人的传说。

桑景舒便认真研究起《虞美人》曲，发现这是一首吴歌风格的琴曲。桑景舒又根据吴歌曲调创作了一首全新的琴曲。这琴曲与《虞美人》曲只是音乐风格相近，旋律却完全不一样。他就对虞美人草弹奏这首琴曲，虞美人草闻声枝叶也都动了起来。桑景舒就将这首琴曲命名为《虞美人操》。

虞美人草为何闻乐就会舞动呢？现代科学试验告诉我们，这种知音草的细胞对声波振动十分敏感。琴声是一种有节奏的声波，琴声的强弱能够使草的细胞产生

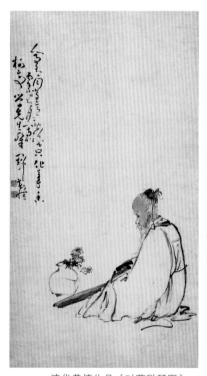

清代黄慎作品《对菊弹琴图》

不同程度的舒张和收缩，因而引起枝叶的跳动。所以，桑景舒对草弹琴，虞美人草闻声而动。

菊花是爱菊人的知音者，对菊花弹琴的也不乏其人。清代张景运《秋坪新语》一书中说，有个侯崇高的读书人，志趣高洁，素慕陶渊明的为人。因此，他在生活中处处以模仿陶渊明为尚。他在书斋周围，遍植菊花，以示高洁之意。当菊花盛开的时候，每于夜深人静总是独自操琴，奏悠扬悦耳的古曲。有一天，皓月当空，他在自家"异彩奇葩、灿列如锦"的菊花环绕的书斋中，弹起悠扬的古曲。这时四周菊花"闻琴起舞"，簌簌摇动，随着琴音的节奏，不断摇曳花枝，翩翩起舞。当时风静帘垂，香清人淡，一丝风都没有，菊花为什么会摇动呢？侯崇高十分惊诧，便停歇不弹，而菊花则寂然无声，安静如常。再弹再摇动，抚琴花动，停琴花歇，如此反复再三，吓得他推琴而起，当夜不敢再弹了。第二天清晨，他灌园整枝，觉得黄英紫蕊，着实可爱，便净手焚香，又弹起琴来。高低不同的菊花又随着琴音起舞。侯崇高沉浸在这奇妙的情景之中，高兴得手舞足蹈，不由得赞叹说："菊，真知音也。"

从公明仪对牛弹琴到宋人对鱼弹琴，再到桑景舒对草弹琴、侯崇高对菊弹琴，可以看出，古代琴家勇于探索的精神是令人敬佩的。这正是：对牛弹琴遭人讥，岂知草木亦知音。

邹忌谈琴议治国

话说公元前356年，战国时期齐威王田因齐刚刚继承王位，就沉醉于声色犬马，不理国事，弄得朝纲不振、民不聊生。诸侯各国先后起兵侵伐，齐国内忧外患。面对这些问题，如果不及时治理，齐国将有亡国的危险。大臣们纷纷上书劝谏，但效果甚微。这齐威王索性下令，不准左右进谏。

当时齐国有一个读书人叫邹忌，颇有学问和才干，又是个有名的琴家，对齐国的安危十分关心。这天，他来到宫门外，向守门人说："听说大王爱好音乐，我善弹琴，特来献艺。"守门人见他携带古琴前来，急忙通禀。齐威王最爱好弹琴，也喜欢听琴，听说是琴师，便很高兴地召见。

邹忌入殿就座。齐威王让人在座前放了一张琴几，琴几上放一张七弦琴，就叫邹忌弹琴。邹忌也让人好生奇怪,用手摸摸七弦琴,调好琴弦,两手搭在琴弦上,很久也不拨动琴弦。齐威王有点纳闷,说:"先生怎么不弹呢?先生不是善弹琴吗?寡人好琴,愿听先生弹奏。你为什么只摸琴弦而不弹呢?是嫌琴不好,还是不愿为寡人弹奏?"

齐威王一口气数问,邹忌却把琴往前一推,不紧不慢地说:"我不仅会弹琴,还专门研究琴理。"

齐威王虽也会弹琴,但并不懂什么琴理,就对邹忌说:"你既然知道琴理,不妨给寡人讲讲。"

邹忌便从琴的历史到琴的制作和技法,海阔天空地谈了起来。他从琴是禁淫邪令人走正道,谈到古时伏羲造琴,所设计的长、宽、前宽后窄、上圆下方、五根弦的象征。"后来周文王、周武王各加了一根弦,文王所加之弦谓少宫,武王所加之弦为少商。这好比君对臣的恩惠,君臣相得,政令和谐,这也就是治国之道。"

齐威王听得似懂非懂,有些不耐烦,就说:"你说得很好。可寡人不愿听这空洞乏味的道理。既然你对琴理这么精通,对弹琴一定也有研究,为什么还不给寡人弹奏一曲?"

邹忌见时机成熟,很严肃地说:"臣只是研究琴艺小技而已,而大王是治理国家大事的。齐国好比是一张大琴,大王为什么不用这大琴弹奏优美和谐的乐曲?大王通晓国家大事,而沉湎于酒色不治理国家,这

齐威王

和臣懂得弹琴而不弹琴又有什么区别？今日，臣善弹琴，在大王面前不弹，大王就很不高兴；大王身为一国之君，掌国不治，恐怕百姓们也会很不耐烦，很不高兴的。"

这一番话打中了齐威王的要害。齐威王顿有所悟，就站起来对邹忌说："原来先生是来以琴进谏，令寡人茅塞顿开。愿听先生治理国家的大计。"

邹忌趁热打铁，接着说："大王初登王位时，就曾把国家比作一张大琴，并说要像用大琴演奏优美和谐的乐曲那样治理好国家。如今还为时不晚。大王当振奋精神，一振雄风，实现自己当年的诺言。"

且说这齐威王还算是历史上的开明君主，仔细一想，邹忌的话不无道理。便移座相近，与邹忌促膝长谈。邹忌乘机进言，认为国家百废待兴，关键在广开言路、重用人才。于是，君臣两人又有一段精彩的对话。

邹忌对齐威王说："城北徐公是出名的美男子，大王以为臣能和徐公相比吗？"

齐威王说："先生虽身长八尺，形神逸丽，但与城北徐公相比，恐怕还是比不上徐公。"

"是啊！臣对着镜子自照，也觉得自己不如徐公。但臣曾经问妻、妾，她们都说臣长得比徐公更漂亮。后来，有一位客人来访，臣又问客人，客人说徐公确实要比臣差一些。臣问了三人，三人说得都一样。所以，臣便信以为真，觉得自己的确要比徐公美一些。"

听邹忌这么一说，齐威王也乐了。

邹忌接着说："大王莫见笑。大王必定认为臣是过高地估计了自己。臣后来自己也知道了这一点。第二天，徐公正巧来臣家中，臣当面仔细审视比较，这才发觉自己远不如徐公漂亮。再对镜一照，更觉得比徐公差得很远。"

齐威王问："这是怎么回事？"

"臣左思右想，终于弄清楚了这个道理。臣意识到他们之所以这么说，是有意吹捧、怀有私心的。妻之所以说臣美，是因为爱臣；妾之所以说臣美，是因为畏惧臣；客人之所以说臣美，是因为有求于臣。"邹忌分析着说。

齐威王听得入神，接过话题，说："先生不能光听好话，否则会上当受骗啊！"

"是啊！如今齐国地方千里，有城一百二十座。大王的嫔妃，莫不爱大王；朝廷大臣，莫不畏惧大王；四境之内，莫不有求于大王。由此看来，大王恐怕也听不到真话。"

齐威王发觉自己上了邹忌的"当"，笑着说："先生真是巧善辞令啊！你讲得很好，讲得很有道理。"

君臣促膝长谈，越谈越投机。齐威王见邹忌敢于当面说出肺腑之言，又才能出众，是个难得的忠臣，很是喜欢他，特意把他安置在齐王宫室的右房。晚上，君臣两人又一起谈论国家政事。邹忌劝齐威王不要贪恋酒色，要胸有大志。齐威王点头称是，又问治国大计。邹忌说了一番构想：要广开言路，重用贤士；清除赃官，奖惩分明；增加生产，让百姓安居乐业；充实军备，逐渐建立起霸业……齐威王越听越兴奋，当即拜邹忌为相国，

清代石涛作品

挂丞相之印。

齐威王根据邹忌的建议，公布了广开言路的命令：凡群臣吏民，有能当面尖锐指正寡人错误的，得上等奖赏；书面劝谏寡人的，得中等奖赏；能够在街头巷尾议论寡人的，也可得下等奖赏。

命令初下，门庭若市，进谏不绝。齐威王真正醒悟，开始任用贤才，集思广益，整顿朝政，发展生产，国家逐渐蒸蒸日上。

这天，齐威王独自在弹琴取乐，邹忌推门入内，便说："大王的琴弹得真好啊！"如今的齐威王听了恭维的话反觉得不顺耳，变下脸来，推开琴按着剑说："先生连我弹琴的样子都没有看见，还没有认真品味琴音，怎么能知道弹得好呢？"

邹忌胸有成竹地说："大王是知道臣懂得音乐的，懂得音乐的人是能听辨琴声的。"

齐威王听话听音，知道邹忌话中有话，就说："好啊！谈谈音乐吧！"

邹忌这才启开话匣，说："干吗只谈音乐呢？治理国家、安定人民的道理也都在其中啊！"

"如果说到宫、商、角、徵、羽五音的规律，相信没有人比你更精通。但是像治理国家、安定人民，又跟这琴弦有什么关系呢？"齐威王又不知道邹忌葫芦里卖的什么药。

邹忌有条不紊地解释说："大弦声调沉重，而能弹得像春风般温和，这是君王的气度；小弦声调曲折而清脆，这弹得好似辅臣的才能；手把弦很紧，而放开时却又十分轻快，这象征政令的节奏；声音均匀和谐，高低相辅相成，回环变化又不相干扰冲突，这象征四时有序；声音往复而不乱，象征政治的昌明；左右相连，上下沟通，就能保证国家昌盛不衰。所以说能将琴音调理好，天下就能平治。治理国家、安定人民，不正像五音的规律吗？正因如此，臣才说大王的琴弹得好呀！"

这一番以琴论治国的宏论，说得齐威王情不自禁地畅怀大笑起来，意味深长地说："真是懂得音乐的道理啊！触类旁通，寡人大长见识。"

当时，邹忌拜为相国的诏令发出后，国人无不震惊。一个琴家，一夜之间便登上丞相高位，能不引起举国轰动吗？齐国有个以善辩闻名的学者叫淳于髡，本是出身家奴，又是个没有什么地位的插门女婿，但因滑稽多才，成为稷下学宫的先生。他去世时，竟有三千弟子为他送葬，足见他当时的名声显著。此人号称"稷下之冠"，又被重用列为上卿，自恃才高，不把一般人放在眼中。他见邹忌唾手而得相印，便带着他的弟子们去诘问邹忌。

清代吴观岱作品《抚琴图》

这淳于髡很是藐视邹忌，非常傲慢。邹忌谦卑接待，不敢怠慢。淳于髡一见面，不道寒暄，开口就毫不客气地说："我有些想法，希望和你谈谈，不知可不可以说？"邹忌很有礼节地说："恭听你的高论。"淳于髡说："人臣侍奉国君，能够周到完备就会成功，不周到完备就会败亡。"邹忌说："恭谨领受先生的教诲，我将忠心事君，不离左右。"接着淳于髡用一连串隐语诘问邹忌，颇有点发难的意思。

淳于髡说："用猪油涂抹枣木车轴，为的是运转灵活，但把车轴穿在四方孔中，涂油也无法运转。"

邹忌说："谨受教诲。我将谨慎事君，心身时时不离国君。"

淳于髡说："用胶可以把弓杆粘连很牢，但胶并不能完全弥合缝隙。"

邹忌说："谨受教诲。我将主动去亲附顺合百姓的心愿。"

淳于髡说："狐裘皮袄虽然破了，但也不能用黄狗的皮去补。"

邹忌说："谨受教诲。我将谨慎地选贤任能，不让小人庸才混迹其间。"

淳于髡说："大车如果不经常检修校正，就不能载重；琴瑟如果不经常调整定音，就不能奏出五音。"

邹忌说："谨受教诲。我将严肃法纪，监督惩罚不法的官吏。"

一个隐语诘问，一个谦卑应对，两人对话到此，淳于髡不再提问，起身告辞，快步走出。淳于髡的弟子们对老师前倨后恭的行为很不理解。

淳于髡对随身的弟子们说："我只从五个方面用隐语对他旁敲侧击，而他反应竟如此敏捷，与我对答如音响的回声一样快捷准确。这个人非常有才干，要不了多久，就一定会受封赏的。"

淳于髡果然没有看错邹忌。邹忌不仅善于弹琴，是个大琴家，而且从琴理悟出治国之道，又是个干练的政治家。他为齐相时，尽心尽力辅佐齐威王，励精图治，变法改革，把齐国治理得十分有方，从此齐国走上鼎盛之路。燕、赵、韩、魏听说了，都像臣子一样到齐国拜见齐威王。齐威王尤为器重邹忌，以下邳(今江苏邳县东)封给邹忌作封邑，号称成侯。这正是：论琴治国得相位，功成名就垂青史。

聂政学琴报父仇

话说古代有一首流芳百世的琴曲叫《聂政刺韩王曲》，这首琴曲讲述了战国时期铸剑工匠的儿子聂政为报杀父之仇、学琴刺死韩王后而自杀的悲壮故事。人们常把《聂政刺韩王曲》和旷古绝作《广陵散》联系起来。据明代琴家朱权《神奇秘谱》提到《广陵散》"世有二谱。今予所取者，隋宫中所收之谱，隋亡而入于唐，唐亡流落于民间者有年，至宋高宗建炎年间复入于御府。经九百三十七年矣，予以此谱为正。故取之"可知，此谱是一首来源甚古的曲谱。因谱中有"取韩""冲冠""发怒""投剑"等分段小标题，琴家就认为《广陵散》源于《聂政刺韩王曲》，与《聂政刺韩王曲》异名同曲，也称"曲之师长"，为我国现存琴曲中唯一的具有戈矛杀伐战斗气氛的乐曲。东汉琴家蔡邕《琴操》亦有记载。

战国时期，聂政的父亲是天下闻名的铸剑工匠。有一次，韩王命他冶炼铸造宝剑，强迫他在三个月内铸造出宝剑。因当时冶炼条件较差，聂政的父亲无法在规定的期限内铸造出宝剑来。韩王无道残暴，就把他杀害了。

聂政是个遗腹子，父亲被害时，还没有出生。等到聂政长大成人后，问他母亲："我的父亲在哪儿？"母亲含着泪水，把其父被韩王所杀的真实情况原原本本告诉了聂政。聂政对韩王非常痛恨，从此他发誓要杀死韩王为父亲报仇。

聂政是个血气方刚的壮士，有着大丈夫的无畏气概。他化装成泥瓦匠，混进韩王宫里，想刺杀韩王，但没有成功，只好逃出宫殿，离家出走。

聂政逃进泰山，隐居山林，日思夜想，寻求报仇办法。他深

山东沂南北寨村出土的汉画像石《聂政刺韩王》

知韩王深居内宫，不容易接近，而且又有很多卫兵护卫，即便接近了也不好下手。聂政听说韩王十分喜欢听琴，心想如果通过弹琴去接近韩王，乘其不备而刺杀，倒是一个可行的好办法。但聂政不会弹琴，强烈的复仇欲望使他下定决心学琴。

聂政遍求名师学琴，遇到一位隐居深山的道士。这道士弹琴技艺高妙，聂政便拜师学琴，不论刮风下雨、严寒酷暑，每天起早歇晚，坚持练琴。经历了七个春夏秋冬，聂政琴艺学成，称得上是个身怀绝技的琴家了。他怕被人认出，就将脸和身体涂满了漆，改变了容貌；又怕被人听出声音，就将烧红的火炭吞入喉咙，改变了嗓音。于是，聂政携带七

河南唐河南关汉墓出土的画像石《聂政刺韩王》

弦琴前往韩国。

当聂政走在去韩国的路途上，突然发现他的妻子正在道旁小摊买梳子。他对妻子笑了一下，他妻子看着聂政愣了一晌，随即哭了起来。聂政忙问："夫人为什么哭泣？"

他妻子说："我丈夫聂政离家出走，七年没有回来。我经常梦见到他。刚才你对我一笑，我见你的牙齿与我丈夫的牙齿太像了，所以又想起了我那不知流落在何方的丈夫，情不自禁地悲伤哭泣。"

聂政暗自一惊，又为妻子的真情感动，真想扑上去抱着妻子说自己就是聂政。但一想到为父报仇，聂政马上就遏制住自己的感情，说："天下人的牙齿都是差不多的，都和聂政的牙齿相似，难道你见到相似的牙齿都要哭泣吗？"说罢，匆匆告辞妻子，转身又奔回泰山中。

清末金榕作品《松风悦琴图》。题识：松风润水天然调，抱得乐来不用弹

聂政坐在深山古树下，抚琴长叹，说："天哪！容貌容易改变，声音也容易改变。我改变容貌和声音，是想替父报仇，但仍被妻子识出牙齿来，我的父仇何日才能报啊！"说着他拿起石块将自己的牙齿敲掉许多，仍留在山中，苦练琴曲三年。

日月如梭，三年之后，聂政携琴来到韩国。这时，已没有人能认出聂政的真面目了。聂政天天在城门下弹琴，十年苦练出的琴艺，使他的琴声格外悦耳动听。人们成群结队地来听他弹琴。连牛马听了都止步不行。很快，城门下来了位弹琴高手的消息传遍大街小巷，并传进了韩王宫内。

清末陆恢作品《会琴图》

韩王得知竟有如此高超技艺的卓越琴家，就命人去召他进宫弹奏。机会终于来了，聂政见韩王召他，就偷偷地将匕首藏在事先专门设计好的琴中，随人进宫弹奏。聂政几年前曾混入宫内刺杀过韩王，现在已事隔多年，何况聂政的相貌也早已和以前不同了。所以，韩王根本就不知道他是聂政，更没有想到他是为父报仇有备而来的。

聂政在宫廷堂中弹奏，韩王坐在宝座上听琴。聂政边弹琴边留神韩王的一举一动。当聂政弹奏到最精彩的时候，韩王正摇头晃脑，倾耳细听。这时，聂政冷不丁从琴中抽出匕首，左手提着衣服，右手持着匕首，乘人不备，迅速冲向韩王。他一把抓住韩王的衣襟，大喝一声："暴君，今天是你的末日！"右手的匕首一下插入韩王的心脏。韩王扑通倒地，得到了应有的下场，在场的人一个个全都吓傻了。聂政站在大殿上说："韩王使我生下来就没有见到自己的父亲，难道这个仇不报吗？"

聂政知道杀君之罪逃不脱，怕连累母亲和妻子，当场就毁坏自己的面容，破坏了自己的肢体。等韩王的卫士们清醒过来抓刺客时，聂政已自杀身亡。

韩国群臣不知杀死韩王的到底是什么人，就把聂政的尸体示众街头，并悬赏千金，宣称："如有认识此人者，赏赐千金。"以寻求刺客的来历和姓名。

知子莫若母。聂政的母亲听说此事，知道只有自己的儿子才会做出这种义举来。她推开人群走到聂政尸体旁，抱尸痛哭道："总算为你父亲报仇了！"她坚强地站起来，对围观的人们大声说："这就是我的儿子聂政，他为报父仇杀死韩王，知道会连累母亲，就自己毁掉面容。他无论变成什么样子，做母亲的都能认出亲生儿子来，我怎么能够为了贪生，而不让我儿子扬名天下呢？"说罢，抱着聂政尸体哭得死去活来。由于伤心悲痛过度，气绝脉断身亡。老人家以死为儿子聂政扬名，真乃义烈母亲。

山东嘉祥武梁祠石室东壁画像第四层《聂政刺杀韩王》

这就是《聂政刺韩王曲》的故事内容。聂政以自己的捐躯落实自己的言语，实现了一种布衣英雄主义的最高境界：为了名誉而活着！后世

河南唐河南关汉墓出土的画像石《聂政自屠》

琴家为聂政英勇复仇行为所感动，就将聂政所弹琴曲收集起来，加以整理编成了歌颂聂政刺杀韩王的琴曲，着重表现了聂政从怨恨到愤慨的感情发展过程，刻画出聂政不畏强暴、宁死不屈的人物形象。在武梁祠石室画像中，有一幅标明"聂政""韩王"字样的《聂政刺韩王图》，说明聂政刺韩王为父报仇是一个气贯长虹的真实故事。蔡邕《琴操》是我国现存最早的一部记述古代琴曲内容的专著，所记载的《聂政刺韩王曲》是具有历史价值的。北宋《琴苑要录·善琴篇》引《琴书·止息序》称此曲："其怨恨凄感，即如幽冥鬼神之声。邕邕容容，言语清冷。及其怫郁慨慷，又隐隐轰轰，风雨亭亭，纷披灿烂，戈矛纵横。粗略言之，不能尽其美也。"这正是《广陵散》全曲的基本音乐情绪。

　　《广陵散》描述的是聂政刺韩王的义举，悲壮激昂，十分动人，但叙述的确切内容是个千古之谜。唐人韩皋主张"地名说"，认为是描写王凌在广陵（扬州古称）起兵讨伐司马氏、结果失败的悲壮史事。从年代上来说，此说不可信。倒是元人张崇主张"刺客说"，认为是描写聂政刺韩相侠累。近代杨宗稷也主张"刺客说"，不过他认为是描写聂政刺韩王。"刺客说"在解释内容上比较贴切，但不能说明为什么要和"广陵"这个地名挂上关系。而近代琴家杨时百所编的《琴学丛书·琴镜》中则认为此琴曲源于河间杂曲《聂政刺韩王曲》。这正是：不畏强暴为复仇，戈矛杀伐慷慨曲。

相如鼓琴《凤求凰》

凤兮凤兮归故乡，遨游四海求其凰。时未遇兮无所将，何悟今兮升斯堂。有艳淑女在闺房，室迩人遐毒我肠。何缘交颈为鸳鸯，胡颉颃兮共翱翔。

凰兮凰兮从我栖，得托孳尾永为妃。交情通意心和谐，中夜相从知者谁？双翼俱起翻高飞，无感我思使余悲。

话说当年司马相如一曲《凤求凰》打动了才女卓文君的心，"文君夜奔相如"演出了一段传唱千古的私奔佳话。这首琴歌据说就是司马相如弹琴歌唱《凤求凰》的歌词。因《史记》未载此辞，到陈朝徐陵编《玉台新咏》始见收录，并加了序说明。唐代《艺文类聚》、宋代《乐府诗集》等书亦有收载，故近人或疑为两汉琴人假托司马相如所作。第一段琴歌表达了司马相如对卓文君的无限倾慕和热烈追求。司马相如自喻为凤，比卓文君为凰，在这首琴歌的特定背景中有多重含义。其一，凤凰是传说中的神鸟，雄曰凤，雌曰凰。凤凰为鸟中之王，故此处比为凤凰，正有浩气凌云、自命非凡之意。其二，古人常以"凤凰于飞""鸾凤和鸣"喻夫妻和谐美好。此处则以凤求凰喻司马相如向卓文君求爱，而"遨游四海"，则意味着佳偶之难得。其三，凤凰又与音乐相关。卓文君雅好音乐，司马相如以琴声"求其凰"，正喻以琴心求知音之意，使人想起俞伯牙与钟子期"高山流水"的音乐交往，从而发出芸芸人海、知音难觅之叹。第二段琴歌写得更为大胆炽烈，暗约卓文君半夜幽会，并一起私奔。前两句呼唤卓文君前来幽媾结合，第三四句暗示彼此情投意合、连夜私奔，不会有人知道。第五六句表明要远走高飞，叮咛对方不要使我失望，徒然为你感念相思而悲伤。这首琴歌之所以赢得后人津津乐道，首先在于《凤求凰》表现了强烈的反封建思想。

司马相如善鼓琴，其所用琴名为绿绮，是传说中最名贵的古琴之一。司马相如原本家境贫寒，徒有四壁，但他的诗赋极有名气。梁王盛赞其才情高华，赐给他一把名叫绿绮的古琴，上面刻有"桐梓合精"的铭文，是当时不可多得的名贵古琴。司马相如得绿绮，如获珍宝。他精湛的琴艺配上绿绮绝妙的音色，使绿绮古琴名噪一时。后来绿绮还成了古琴的别称。这把古琴就是司马相如用来弹奏《凤求凰》、卓文君听后夜奔的那把古琴。"绿绮传情"使这把古琴更富传奇色彩。

明代杜堇作品《听琴图》表现的是文君听琴的爱情故事

司马相如（前 179 年—前 118 年），字长卿，幼时喜好读书、舞剑，因仰慕以"完璧归赵""将相和"而大名鼎鼎的赵国名相蔺相如，所以就更名相如。司马相如精通楚辞，善于写辞作赋。汉景帝年间，他任武骑常侍，但因为景帝不喜欢辞赋，所以无法施展自己的才华，常常称病，后被景帝免职。之后他和枚乘一起游于梁孝王门下，在那里作了著名的《子虚赋》。梁孝王短命去世后，宾客星散，司马相如回到成都，而家里已是父母双亡、家徒四壁，再无以自立。据《史记·司马相如列传》记载：他入京师、梁国宦游归蜀，应好友临邛（今四川邛崃）令王吉之邀，前往做客。当地头号富翁卓王孙之女卓文君，眉如远山，面如芙蓉，才貌双全，通晓琴棋书画。卓文君十七岁时曾许婚窦家，未聘夫死，成了望门新寡。卓文君青年寡居，自然是面对春花秋月，感物伤人，倍感凄凉。

徐操作品《听琴图》。
款识：弹琴看文君，春风
吹鬓影

一次，卓王孙举行数百人的盛大宴会，慕司马相如之名声，邀请王吉与相如以贵宾身份参加。席间，王吉介绍相如精通琴艺，请司马相如抚琴助兴。司马相如早已听说卓王孙有一个才貌双全的女儿，就趁做客卓家的机会，当众弹了这首琴曲《凤求凰》，意欲借琴音倾诉心曲，以此挑动文君，表达自己对卓文君的爱慕之情。这种在今天看来也是直率、大胆、热烈的举动，自然使得美丽多才的卓文君怦然心动。卓文君在屏风后面倾听到司马相如的琴声，一曲《凤求凰》拨动了她不甘遵循封建礼教而终生寡居的心扉。当时卓文君颇为相如才情所动。"文君窃从户窥之，心悦而好之，恐不得当也。"卓文君听琴后，理解了琴曲的含义，不由脸红耳热，心驰神往。后司马相如又通过侍女向卓文君大献殷勤，卓文君便夜奔司马相如住所。在与司马相如会面之后，一见倾心，双双约定私奔。

当夜，卓文君收拾细软走出家门，与早已等在门外的司马相如会合，一同私奔回到了成都，从而完成了两人生命中最辉煌的事件，留下了脍炙人口的佳话。司马相如与卓文君大胆冲破封建礼教的罗网和封建家长制的樊篱，并将一切封建神圣礼法统统踩在脚下的大胆私奔行动，成为后代男女青年争取婚姻自主、恋爱自由的一面旗帜。

对此事，卓王孙自然是盛怒难消，认为司马相如有辱衣冠，自己的宝贝女儿也太不争气，黄夜私奔，败坏门风，使他丢尽脸面。司马相如是一个穷光蛋，回到成都，因生活窘迫，卓文君便把自己的头饰当了。司马相如豪情不减地典衣沽酒，过着有今天、没有明天的逍遥生活；卓文君也脱钏换粮，根本不把今后的生计放在心上。几个月后，他们索性卖掉车马，回到临邛开了一间小酒家。卓文君淡妆素抹，当垆沽酒，不卑不亢，神态自如。而司马相如更是穿上犊鼻裈，与保佣杂作，涤器于市中，忙里忙外担任跑堂工作，提壶洗碗干杂活，谈笑风生。如此这般，虽然生活清苦了点，但两人却是幸福美满，丝毫不为世俗所累。为此，历史上临邛也成了酿酒之乡，文君酒成了历史名酒。唐人罗隐《桃花》诗云："数枝艳拂文君酒。"传说中，卓文君和司马相如酿酒开店还留下了文君井和弹琴的琴台。南宋陆游《文君井》诗云："落魄西州泥酒杯，酒醑几度上琴台，青鞋自笑无羁束，又向文君井畔来。"

司马相如和卓文君当垆沽酒，是临邛一件天大新闻。顿时远近轰动，小酒店门庭若市，热闹非凡。消息传到卓王孙耳中，他感有女若此，实在是对自己脸面过不去。但经不起亲朋好友的疏通劝解，于是妥协，承认了他们的爱情，迫不得已分给他们童仆百人、钱百万缗，并厚备妆奁，接纳了这位把生米已经煮成熟饭的女婿。司马相如和卓文君夫妻双双回到成都，置田买房，成了富人，又过上了整天饮酒作赋、鼓琴吟诗的悠闲生活。后来汉武帝即位，读了《子虚赋》相当赞赏，遂将司马相如召回长安。

　　后人则根据司马相如与卓文君的爱情故事，谱了琴曲《凤求凰》并流传至今。唐代诗人张祜有《司马相如琴歌》一首云："凤兮凤兮非无凰，山重水阔不可量。梧桐结阴在朝阳，濯羽弱水鸣高翔。"尽管后世的道学家们称他们的私奔为"淫奔"，但这并不妨碍他们成为日后多少情侣们的榜样。榜样的力量在后代文学中的影响极大。《西厢记》中张生亦隔墙弹唱《凤求凰》说："昔日司马相如得此曲成事，我虽不及相如，愿小姐有文君之意。"《墙头马上》中李千金，在公公面前更以卓文君私奔司马相如为自己私奔辩护；《玉簪记》中潘必正亦以琴心挑动陈妙常私下结合；《琴心记》更是直接把司马相如卓文君故事搬上舞台……足见《凤求凰》反封建之影响深远。这正是：绿绮传情凤求凰，文君私奔传佳话。

蔡邕访友闻杀音

话说东汉末年，有一位知名人物叫蔡邕，字伯喈。他年轻时就以博学闻名，精通天文历算、诗赋文章、术数音乐，不仅是一位德高望重的学者，而且又是一位多才多艺的文学家，更是一位出色的音乐家。

汉桓帝刘志喜爱音乐，又擅长吹笙弹琴。他久闻蔡邕精通音律，尤其在弹琴技艺上出类拔萃，就慕名征召蔡邕进京弹琴。汉延熹二年（159 年），圣旨下达，蔡邕奉旨起程进京。但蔡邕不满宦官专权，一路上亲眼见到宦官胡作非为：他们征调民力，大兴土木；民工冻死饿死不计其数。面对这黑暗残酷的现实，蔡邕十分沉痛，又义愤填膺，挥毫写下了《述行赋》，其中云：

贵宠煽以弥炽兮，金守利而不戢。前车覆而未远兮，后乘驱而竞及。穷变巧于台榭兮，民露处而寝洼。消嘉穀于禽兽分，下糠秕而无粒。

一边是宫殿亭台，极尽工巧；一边是百姓露宿荒野，上无片瓦；一边是宦官豢养的禽兽都吃腻了上好的粮食，一边是百姓秕糠充腹而朝不虑夕。写到这些，蔡邕看到朝廷政局没有什么希望，半路上借口称病，就打道回府了。

到了汉灵帝刘宏建宁三年（170年），蔡邕才在司徒桥玄身边任职，不久提任郎中、议郎。熹平四年（175年），他建议官方校定《尚书》《诗经》等经典，并亲自用朱砂书写好字样，令工匠镌刻在石碑上，竖立在太学门外。这就是对学术界影响极大的"熹平石经"。石碑刚刚矗立时，前来观赏和摹写的人，每天有车子一千多辆，把街道都挤满堵塞了。凡读书的人，都依照蔡邕所书的来校正文字。

汉灵帝喜爱文学，曾经写过《皇羲篇》五十章，招引了不少擅长文赋、书法的书生侍制鸿都门下，而蔡邕又是这些人所尊崇的导师，汉灵帝对他颇为客气。时值东汉朝廷穷途末路的时候，蔡邕非常忧虑国家的前途命运，就上书皇帝，指名道姓地揭露一些贪官污吏的横行霸道。汉灵帝是一个昏庸透顶的皇帝，不但没有重视蔡邕的上书，反而把蔡邕上书的内容泄露出去。这样一来，那些贪官污吏就恨死了蔡邕，并以"仇怨奉公，议害大臣"诬陷他，把蔡邕抓起来并判死罪。幸亏朝中有正直的大臣出面搭救，才使他幸免一死，但又被戴上枷锁，流放到朔方郡西安阳（今内蒙古乌拉特前旗）。蔡邕一路上受尽折磨，又多次从杨球派去的杀手刀下死里逃生。翌年，蔡邕被特赦回乡。后又得罪了五原（今内蒙古包头市西北）太守王智，王智通过他在朝廷权力颇大的哥哥，准备加害蔡邕。消息传出，蔡邕吓得不敢返乡。有家难回，他只好亡命他乡，流浪到吴郡、会稽一带，长达十二年。

且说蔡邕在吴郡（今江苏苏州一带），有一次路过一户人家门口，看见主人拿着一段桐木正往灶膛里塞。桐木一塞进去，就烧了起来，发出噼噼啪啪的响声，并散发出一股浓郁的香味。蔡邕一听见声音，一闻到香味，就辨别出这不是普通的桐木，知道那是一根可以制琴的好材料。

火越烧越旺，蔡邕顾不得许多，赶紧冲进这家，伸手从灶膛里抽出桐木，急忙扑灭了桐木上的火焰。蔡邕望着烧焦了一截的桐木，长长地吁了一口气。主人感到莫名其妙，责问蔡邕说："为什么要釜底抽薪？"蔡邕手持着桐木对主人说："这是一根很好的桐木，是块做琴的上等材料。"边说边从怀里掏出银两，恳求主人说："请您把它卖给我吧，要多少钱都行。"主人接过桐木看了看，看不出它究竟好在哪里；又看了看蔡邕，双手全是黑烟炭，一脸真诚的样子，就干脆地说："你觉得有用，就送给你吧。"蔡邕高兴得连声称谢。

焦尾琴

　　蔡邕就用这段桐木，精心制作了一把七弦琴。演奏起来，果然音色美妙无比。因为琴尾正好是那块烧焦的地方，故取名焦尾琴。这焦尾琴就是中国音乐史上最著名的琴之一。它与齐桓公的号钟、楚庄王的绕梁、司马相如的绿绮相媲美，被共称为中国古代的四大名琴。蔡邕惨遭杀害后，焦尾琴仍完好地保存在皇家内库之中。三百多年后，齐明帝在位时，为了欣赏古琴高手王仲雄的超人琴艺，特命人取出存放多年的焦尾琴给王仲雄演奏。王仲雄连续弹奏了五日，并即兴创作了《懊恼曲》献给明帝。到了明朝，昆山人王逢年还收藏着。

　　说到焦尾琴，又不能不说起柯亭笛。蔡邕流浪到会稽（今浙江绍兴）时，有一天来到柯亭，看见一大片竹林，便钻进竹林，寻找做笛的竹子。找了半天，怎么找也没有找到满意的，就到刚刚用竹子修建好的柯亭休息。他在亭子里，左瞧瞧右看看，抬头看见一根椽子，发现是做笛子的好材料。这竹子淡淡的黄底，黑色的斑纹，竹纹细密，又圆又直，不粗不细。

蔡邕犹见到珍宝一样，乞求主人把这根椽子折下来。主人顺了他的意，取下那根椽子。蔡邕如获至宝，亲自动手，制成了一支笛子。这笛子吹奏起来，音色绝妙异常，声音清脆悦耳。因它取材自柯亭的竹椽，就命名为柯亭笛。这笛也是千古有名，后世文学家伏滔在《长笛赋》中盛称柯亭笛"其声独绝"。从焦尾琴到柯亭笛，足见蔡邕的眼力非凡。他又精通琴笛性能，更是乐器制作的高手。

流浪异乡十二年的蔡邕时刻思念家乡。189年，汉灵帝病死，蔡邕结束了动荡流亡的生活回到家乡。一位乡亲准备了丰盛的酒宴为他洗尘接风。他十分感激老友的盛情，高高兴兴地去赴宴。

蔡邕刚到门前正要进屋，听到屋里有人弹琴，不知不觉停住脚步，站在门外细听起来。听着听着，正欲叫好之际，那琴声忽然变得沉闷而紧迫，如阴风骤至、暴雨袭来，泄露出一股凶狠的杀气。

久经磨难的蔡邕，觉得情况有些异常，自言自语地说："既然设宴请我喝酒，用音乐来欢迎我，为什么产生杀心呢？说不定是不怀好意，我还是小心一点为好。"蔡邕没敢进门，转身就往回返。恰巧有个认识蔡邕的仆人看见了，见客人走了，急忙进屋告诉主人说："蔡君方才到了门口，没进屋就又转身走了。"

主人一听，慌忙起身追出门外。蔡邕见有人追赶，撒腿就跑。主人气喘吁吁地追赶上蔡邕，生拉硬拖地把蔡邕又扯回来。其他客人见他脸色不对、坐立不安，都十分疑惑不解。主人问他是怎么回事，蔡邕不愿意说，众人就追问他。他才心有余悸地说："刚才听到琴声里充满杀气，不禁有些惊怕。"众人听了，大笑不止。

"误会，误会。蔡君多疑了。"只见方才弹琴的客人走近蔡邕，说："刚才我弹琴的时候，看见窗外的树上，有一只螳螂正走向鸣蝉。那鸣蝉欲飞又未飞，螳螂向前一纵，我心中一惊，唯恐鸣蝉飞去，螳螂白费心机，便暗暗为它使劲。琴声中的杀气可能由此而起，恰巧又被你在门外听见。"

蔡邕听罢，心中疑团这才解开，不禁大笑起来，忙向众人道歉，说："失礼啦！请多海涵。"众人全都乐了。主人宣布宴会开始，众人一一入席，边饮酒边畅谈，其乐融融。

就在这年的八月，董卓掌权，控制了小皇帝。他为了网罗一些学者名流来支撑门面，就下令让蔡邕进京。蔡邕称病不去，董卓勃然大怒，出言威胁，又令当地官府派人递送蔡邕到京，任命他担任祭酒，没过数日，又迁至侍中，连升三级。

汉献帝刘协初平元年（190年），董卓逼迫汉献帝迁都长安，蔡邕随从汉献帝一起西迁，成为董卓装潢门面的点缀。多行不义必自毙。汉献帝初平三年（192年），司徒王允派吕布杀董卓。当时蔡邕正巧在王允家中做客，闻听董卓被杀，情不自禁地叹息一声。王允大怒，认为蔡邕同情董卓，立即把蔡邕关进大狱。蔡邕求情说他正在撰写《汉史》，情愿受重刑，以求保全性命写完《汉史》。尽管朝廷内外许多人也为他求情，但王允就是不答应。就这样，蔡邕死于狱中，朝野上下闻知噩耗，都为之惋惜流泪。蔡邕家乡百姓特画其图像以表达怀念之心。一代旷世逸才，可谓生不逢时，命运堪怜。

蔡邕在"亡命江海，远

清代陈字作品《焦尾冲和图》

迹吴会"十二年间，主要从事他的音乐活动，创作了中国古琴史上著名的"蔡氏五弄"，即《游春》《渌水》《幽思》《坐愁》《秋思》。现存的《秋月照茅亭》《山中思友人》等琴曲传为蔡邕的作品。蔡邕还著有《琴操》，为中国早期最丰富的重要琴学文献。内容大都是首先阐述琴的形制和作用，然后再为"诗歌五曲""一十二操""九引""河间杂歌二十一章"等琴曲解题和歌曲。故事颇多，史料丰富，为近现代琴学家经常以之作为琴曲解题的依据。今有两种传本，一为清嘉庆五年（1800年）王谟辑自《初

清刻本《琴操》

学记》等分类书的《汉魏遗书钞》本。辑佚书体例，不分卷，署"汉陈留蔡邕撰"。二为清嘉庆十年（1805年）马瑞辰序、孙星衍校的《平津馆丛书》本，专著体例，分上下两卷，署"汉前议郎陈留蔡邕伯喈撰"。两本虽体例不同，但文字大同小异。这正是：博学多艺旷世才，焦尾柯亭遗绝响。

蔡琰绝唱《胡笳十八拍》

　　话说一个秋日的晚上，皓月当空，树影摇曳。大音乐家蔡邕兴致突来，点燃一缕清香，取出琴囊，走到窗前，坐在琴几后，动手褪去琴囊，捧出一具七弦琴来。这琴是蔡邕心爱的宝物。只见琴足有三尺六寸长，浑体朱漆斑斓，满布彩饰花纹，琴尾有焦痕，琴面绷弦的岳山旁还镌刻着两个小篆飞白文"焦尾"。蔡邕调好琴弦，援手拨弦轻弹，琴声悠扬轻柔如黄莺出谷。

　　坐在堂中书桌边写字的小姑娘蔡琰，被这美妙的音韵所迷住。她放下毛笔，以手支颐，望着窗外明月，全神贯注地静听，完全沉浸在这悦耳动听的旋律之中。

　　突然，琴弦啪的一声断了一根。蔡琰抬起头来，奶声奶气地对蔡邕说："父亲，断的是第二根弦吧！"

　　蔡邕低头一看，果然是第二根弦断了。他回头望望幼女，奇怪地想：这第二根弦断了，她怎么知道呢？莫非是偶尔猜中的？他把断了的弦重新换好，接着重新弹起来。弹着弹着，他故意把第四根弦弄断，然后问女儿说："这回你知道是第几根弦断了吗？"

静心听琴的蔡琰毫不迟疑地应声回答："是第四弦！"小姑娘听力非凡，有过人的音乐天资。

蔡邕大吃一惊，见六岁的幼女如此聪明，如此善于辨音，两次都说中了，便叫幼女过来，把她抱在自己腿上，抚摸着她的头说："你是怎么猜中的？"

蔡琰睁着一双乌黑的大眼，望着父亲一本正经地说："您给我讲过，从前吴国公子季札听周乐，能判断国家的兴衰；晋国乐官师旷听琴声，能断定楚国要打败仗。女儿天天听你弹琴，难道连两根弦断了都听不出来吗？"

蔡邕见女儿小小年纪就这样富有音乐才华，心里特别高兴，就用心地培养她。不但把自己弹琴的技法一一传授给她，还系统地教她有关音律的知识和诗文写作。就是在这样文化气氛浓厚的家庭环境里，加上父亲的悉心指导和自己的勤奋好学，蔡琰在文学艺术方面具有了较高的修养和才能，诗文琴技都颇不一般，成为东汉著名的音乐家和诗人。父女两人，享有父女音乐家和父女诗人之称。

蔡琰，字文姬，学识渊博，多才多艺，在音乐、鼓琴、书法、绘画方面造诣高深，无不精通天文、数术、辞章、文史，是个千古传诵的大才女。蔡邕四十多岁才有这个唯一的女儿，故宠爱百倍，视为掌上明珠。然而，她生于东汉末年天下大乱的时代，一生命运多舛，颠沛流离，饱尝人世辛酸。蔡琰幼时，汉灵帝向她父亲问治国之策，蔡邕密奏惩办贪官污吏的名单，引起中常侍程璜等人的不满。他们以"仇怨奉公，议害大臣"的罪名诬陷蔡邕，将蔡邕逮捕入狱，准备斩首弃市。汉灵帝迫于众怒，只得将他贬徙北方。蔡琰也因此和父亲一道，受到髡钳之刑，被剃去头发，以铁圈束颈，被发配到朔方郡西安阳。小小的蔡琰跟着父亲，在寒风中跋涉，一路担惊受怕。从中原来到匈奴聚居的边荒，幼小的心灵感受了人间的艰辛。

在西安阳住了九个月，传来大赦的诏令。蔡邕一家老小本可以返回中原老家，谁知又遭人暗算。蔡邕担心再次受到迫害，决定远走高飞，逃到浙江绍兴一带。蔡琰跟随父亲，辗转漂泊，千里迢迢，从大漠滚滚的塞北来到了山清水秀的江南。漂泊江湖十余年里，蔡琰常陪父亲吟诗弹琴，给受尽磨难的父亲带来了一些慰藉。到了董卓大权在握时，蔡邕被逼出来做官。这一年蔡琰十六岁，结束了流离生涯，嫁给卫仲道，暂住洛阳。燕尔新婚，夫妇相敬如宾。在动荡不安的年代里，她总算有了个安定的家。岂料婚后不久，丈夫病故，她只好回到老家。接踵而来的不幸遭遇沉重地打击了她。父亲因受董卓牵连在长安被捕入狱，惨死狱中。蔡琰痛哭失声，悲伤欲绝。是为汉初平三年（192年）。

是时，军阀混战，蔡琰在老家遭到牛辅部下的劫掠。牛辅死于乱中，她又被入侵中原的匈奴兵掳掠而去。蔡琰在《悲愤诗》中追忆当时被掳途中惨无人道的情景说："旦则号泣行，夜则悲吟坐。欲死不能得，欲生无一可。彼苍者何辜，乃遭此厄祸。"

前途渺茫，何处是尽头？蔡琰最后被带到西河美稷（今内蒙古准格尔旗西北）南匈奴部落。她被作为礼品献给匈奴左贤王，含着泪水在异乡活下来，还有了两个儿子。塞外边境，风沙滚滚，语言不通，风俗迥异，举目无亲。出身于诗礼世家的蔡琰无法习惯。十二个春秋，度日如年，她无时不思念故乡，希望回到中原。

一直到汉献帝建安十二年（207年），曹操平定中原，得知蔡琰的下落。他怀念与蔡邕的情谊，想到蔡邕死后并无子嗣，便派使者周近携金银珠宝将蔡琰从左贤王手里赎回。蔡琰喜得生还，却要诀别爱子，去留两难，痛苦万分。她最后怀着骨肉分离的痛楚，返回朝思暮想的汉朝。

曹操对故友的孤女，倍加呵护，安排她与屯田都尉董祀成亲。虽然有了新家，

金代张瑀作品《文姬归汉图》（局部）

清代杨柳青作品《文姬归汉》

但想到留在南匈奴的儿女，蔡琰常常忧伤不已。董祀倒是十分体贴，常加宽慰。在通书史、谙音律的董祀支持下，蔡琰振作精神，将昔日为一般人难以承受的苦难经历写成了著名的《悲愤诗》，成为中国文学史上最优秀的长篇叙事诗之一。她又自编曲自写词，依胡笳的音乐风格在古琴上弹唱出千古不朽的《胡笳十八拍》。每当她对琴弹唱时，哀怨凄绝，如泣如诉，闻者莫不泣然泪下。

就在这时，董祀犯法当死，蔡琰如五雷轰顶。她冒着风雪，赶到曹操丞相府求情。曹操正在宴请公卿名士，济济一堂，听说蔡琰求见，对在座的说："蔡邕的女儿在外面，诸君皆闻其才名，让她进来见见大家。"蔡琰进来，就叩头谢罪，请求曹操开恩赦免董祀。她说得言辞悲切，声音凄楚，在座宾客无不为之动容。曹操见她严冬季节蓬首跣足，心中大为不忍，命人取来头巾鞋袜为她换上，然后说："听了你的话，我也很怜悯董祀，但判决文书已经送出，我也没办法了。"蔡琰说："您厩骏马万匹，手下卫士成林，为何吝惜一马一卒，而不肯帮助垂死之人呢？"曹操想到她的悲惨身世，不忍她再遭受打击，便派人快马加鞭追回文书、赦免董祀。

曹操让蔡琰落座，说："令尊大人藏书海内闻名，你还能记得多少？"蔡琰答道："先父留下四千多卷藏书，战乱中损失殆尽。我能记诵的，不过四百篇。"曹操非常高兴，说："我派十名书吏帮你记录。"蔡琰说："男女有别，不便亲授，请赐纸笔，写成呈上。"就这样蔡琰凭记忆默写出四百多卷文章，竟没有遗误。曹操读了，赞叹不已，钦佩她博闻强记、才思敏捷；书法有骨气，颇有其父遗风。这记忆何等惊人。

蔡琰的《胡笳十八拍》是感人肺腑的千古绝唱。郭沫若先生曾这样赞颂说："无论在形式或内容上，那种不羁而雄浑的气魄，滚滚怒涛一样不可遏抑的悲愤，绞肠滴血般的痛苦，绝不是六朝人乃至隋唐人所能企及。""那像滚滚不尽的海涛，那像喷发着熔岩的活火山，那是用整个灵魂吐诉出来的绝叫，我坚信那一定是蔡文姬作的。没有那种经历的人，写不出那样的文字来。"在中国古代音乐中，《胡笳十八拍》是一部极其动人的音乐杰作，具有永恒的艺术魅力。而根据此琴歌而作的同名琴曲，在音乐史上也广为流传。唐人李颀《听董大弹胡笳声兼寄语弄房给事》诗中云：

蔡女昔造胡笳声，一弹一十有八拍。

胡人落泪沾边草，汉使断肠对归客。

这首诗描写了这首乐曲深沉

南宋陈居中作品《文姬归汉》

动人的情感魅力。

据《蔡琰别传》载："笳者，胡人卷芦叶吹之以作乐也，故谓曰胡笳。"胡笳，为一种吹奏乐器，汉代流传于塞北和西域一带；十八拍，就是十八段的意思。《胡笳十八拍》中说："胡笳本自出胡中，缘琴翻出音律同。"道明了这首曲子与胡笳吹奏的十八拍曲调是相同的。蔡琰依胡笳的音调翻入古琴中，创作出具有新颖风格的音乐，是匈奴胡笳的音调和汉族古琴的音调融为一体的结晶。据古琴家查阜西先生统计，《胡笳十八拍》共有三十九种不同版本，分琴曲和琴歌两种。

南宋李唐作品《文姬归汉图·第四拍》

琴曲即古琴独奏曲。清初《澄鉴堂琴谱》载有琴曲《胡笳十八拍》的全曲。清代周鲁封根据徐祺传谱编印于康熙六十年（1721年）的《五知斋琴谱》中琴曲《胡笳十八拍》最具有代表性。十八段乐曲，音调哀婉凄楚，调式变化丰富，发展层次清晰，表现了蔡琰思念故土又怀念幼子的痛苦情怀，真切感人，催人泪下。现存最早的曲谱见于明朱权成书于洪熙元年（1425年）的《神奇秘谱》中记载了《大胡笳》《小胡笳》。琴歌是以歌唱为主、以琴来伴奏的艺术形式，又称弦歌。琴歌《胡笳十八拍》初见明万历三十九年（1611年）成书的《燕闲四适》中《琴适》。传谱并配歌词，音乐上基本是一字一音的古代风格，字与音配合自然，符合歌词情趣，歌词大都句句仄韵合于汉韵规律。现代古琴学家王迪依据《琴适》的减字谱琴歌《胡笳十八拍》，全曲翻成五线谱，配上歌词，使人得以按原琴歌演唱形式演唱，从中领略到全曲的神韵。这琴歌《胡笳十八拍》分十八段，每段歌词八句、十句、十二句不等，与之配合的音乐也就长短不一。但每段音乐是完整独立的，既可单独演唱又可连续演唱。各段之间有内在的密切联系。全曲气贯长虹、感情深沉、和谐统一、严谨完整。从音乐来说，琴歌《胡笳十八拍》具有浓郁的抒情气息。汉蒙音乐糅合一起，水乳交融，音乐形象鲜明，旋律起伏跌宕。高则苍悠凄楚，低则深沉哀怨，上下跳跃，对比强烈。全曲以三小节构成的乐节为主，每乐节结束前常有同音重复，节奏稳定，常采用大、小调交替，同主音不同调式的交替。总之，音乐与歌词珠联璧合的韵味、蒙古族胡笳音乐高亢辽阔的风格、汉族古琴弹奏的独特技法，都使《胡笳十八拍》这首琴歌光彩四溢、感人心魄。这样的艺术杰作，如果没有血泪交织的生活体验、没有通晓蒙汉音乐的艺术修养、没有高超精深的作曲技巧，是不可能写出来的。

　　《胡笳十八拍》是堪与《广陵散》相媲美的极为难得的汉魏遗音，称得上是我国古代音乐中光芒四射的杰作，被载入史册，千古传唱。这正是：蔡女薄命没胡尘，胡笳悲哀泻苦痛。

嵇康悲奏《广陵散》

话说洛西有个华阳亭，距洛阳数十里地。这天有位名士出游，到华阳亭时，天色已晚，便投宿住下。华阳亭坐落于碧水湖边，湖水中倒映着峰峦，柳堤逶迤，湖光山色，幽静美丽。是夜天高云淡，明月高照，名士兴致勃勃，凭栏尽情观赏夜景……

更鼓已敲过二响，晚风徐徐吹来，带着丝丝寒意，名士这才回到住处，却毫无睡意，就从囊中取出古琴，信手弹了起来。先弹一曲《阳春》，再奏一曲《白雪》。琴声由宫调转商调，悠扬流畅，清和琳琅。突然，传来一声叫好。名士回头一看，只见身后伫立着一位老人，正在凝神听琴，也不知他什么时候进屋来的。这老人须眉花白，鹤发童颜。从外表上看，谁也估不出他到底有多大的年龄。名士正在猜疑，老人先开口说话："适才我在湖边散步，听到琴声，就循声而来。见你在专心弹琴，不好惊动。谁知听到精彩处，情不自禁喝起彩来，打扰先生雅兴，实在失礼。"

名士听老人的语气，猜想他定是个知音，就问："老人家也会弹琴？"老人微微一笑说："略知一二，不敢说会。"名士就谦恭地向老人求教说："恭请老人家指点迷津。"老人心直口快，说："先生的指法熟练，整首曲子连贯流畅。只可惜弹的多是柔和婉转的曲子，缺乏悲壮激昂的阳刚之气。"

名士见老人一语中的，知道他是个行家，就请老人演奏。老人没有推辞，从容不迫地弹奏起来。琴声一开始怨恨凄楚，深沉哀痛，似乎在哭诉衷肠；接着旋律激昂慷慨，起伏跌宕，大有气贯长虹的豪气；然后琴声又细微清雅，徐缓抒情，好似徘徊在山野林中；突然琴声高亢激越，气势磅礴，就像勇士怒发冲冠，铿锵豪壮；最后琴声雄浑壮烈，声势夺人，如同在歌颂勇士气壮山河的壮举。

名士听了感动得泪如雨下，对老人的琴艺佩服得五体投地，急忙要拜老人为师，请求老人教他这首曲子。老人未教之前，为了让名士深刻理解琴曲的内容，先讲了聂政刺韩王为父报仇的故事。然后和名士讨论起音律、琴道来，说得言辞清辩，述理条分缕析，探幽发微。名士茅塞顿开，觉得自己还算不上会琴，只善演奏雕虫小技，先前所学的那些琴曲，都比不上老人弹奏的这首。便说："此曲音调奇妙，不同凡响。听您演奏，我仿佛看到了一个不畏强暴、宁死不屈的壮士在为正义战斗、为理想献身。"老人点头称是，便教名士一段一段地弹奏，并指出此处应轻快、彼处该沉重，此处应急促、彼处该舒展，此处应激昂有力、彼处该悲愤壮烈。

教罢这些，老人说："这首琴曲名叫《广陵散》，望先生学会之后，不可将此曲传授他人。"说着让名士将全曲连贯起来弹奏一遍。名士兴致盎然，全神贯注地弹奏着。当琴音戛然结束时，名士回头一看，却不见老人。不知他什么时候悄悄地飘然而去，来无影去无踪，没有留下姓名。

名士按老人的传授要求，刻苦练习，终于把《广陵散》弹奏得独具特色，达到了无与伦比的境界。从此《广陵散》和这位名士的名字，也

江苏南京西善桥宫山南朝大墓墓室出土的《竹林七贤》砖壁画之《嵇康悲奏〈广陵散〉》。嵇康头梳双髻，膝盖上置一架古琴

就紧紧联系在一起，声名远播，古今传诵，直到他临死前弹奏的最后一曲仍是《广陵散》。

名士何许人也？他就是魏晋"竹林七贤"之一的嵇康。嵇康，字叔夜，三国时期曹魏著名的音乐家、文学家、思想家，曾做过曹魏的中散大夫，所以又称嵇中散，后又娶了曹操的曾孙女长乐亭主为妻，成了曹魏皇室的亲戚，政治上自然倾向曹魏一边。

三国末期，曹魏皇室衰微，大权旁落于司马氏集团。为了篡权夺位，他们一面残害异己，剪灭曹魏羽翼；一面扩张势力，拉拢收买名士。对嵇康这样的曹魏皇帝的姻亲，司马氏自然很不放心。而嵇康又不与司马氏合作。在司马氏淫威下，人人自危，嵇康索性退居山林，远避乱世，以保全自己。

嵇康的好友山涛，字巨源，与司马氏有点亲戚关系，四十岁中断归隐，热心于仕途。后投靠司马氏，官运亨通，摇身一变，成了显赫新贵。景元二年（261年），他由吏部尚书高升时，为了帮助司马氏网罗人才，推荐嵇康接替自己原来的职务。嵇康对山涛变节出仕早就不满，对他的拉拢极为反感，激愤之余写了《与山巨源绝交书》，以"绝交"的断然措施，旗帜鲜明地表达了自己决不与司马氏合作的政治态度。他是故作夸张找理由，对官场的冷嘲热讽，表面看是与山巨源个人绝交，实际上是与司马氏政权决裂。这份绝交书不但使山涛十分尴尬，而且更使司马昭怒不可遏，欲置嵇康于死地而后快。

　　嵇康家庭院中有一棵柳树，长得粗大茂盛，四周一泓清流环绕，含烟笼翠，覆荫遮阳，夏天树荫之下清凉宜人。嵇康喜欢和朋友向秀在树下锻铁淬剑。

　　这天，钟会借口探访来暗中监视嵇康。这钟会并非凡人。他出身世家名门，才华出众，能言善辩，善于钻营。他是司马氏的忠实爪牙，在朝中任司隶校尉时，出门总是高头大马，前呼后拥，威风凛凛，派头十足。他来到嵇康宅院，见嵇康光着臂膀在打铁，向秀在一旁往炉内鼓风。嵇康明明知道钟会来了，还是旁若无人地一个劲打铁，叮叮当当挥锤不止，压根就不理睬钟会。钟会耐着性子看了许久，仍不见嵇康搭理，自觉没趣，正要转身离开，嵇康这才停锤戏谑调侃地问："何所闻而来？何所见而去？"钟会既羞又恼，说："闻所闻而来，见所见而去。"说完就走人。嵇康就此埋下了丧生的祸根。钟会回去向司马昭进谗言，说："嵇康是条卧龙，千万不能让他腾飞。主公即将得到天下，只有嵇康必为心腹大患！"并建议司马昭找借口杀了嵇康。司马昭本来对嵇康拒绝出山做官就十分恼怒，听钟会这一说，心中便萌发了杀机。

　　走笔至此，说上一段插曲。话说嵇康也颇好寻神仙长生之道。当年避居河东（今山西夏县西北），经常出没于苏门山，涉溪登山，采药赏景。在苏门山结识了隐士孙登。孙登并非什么神仙，当时为保全性命遁入深山，以土窟为家，以草编为衣，披一头长发，抚一具古琴，颇具仙风道骨之气。嵇康与他相处三年，经常听他鼓琴，受益匪浅。

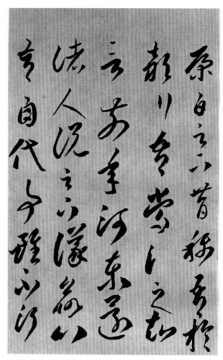

唐代李怀琳作品《嵇康与山巨源绝交书》

又向他求仙药服食要领，孙登则一言不发。临别之际，孙登语重心长地告诫说："你才干太多，而识世太少，又不善于保护自身，恐怕难为当

嵇康

清代任熊作品

今之世所容。"这话后来果然应验。嵇康临死之前在狱中写的《幽愤诗》中就有"昔惭柳惠，今愧孙登"的慨叹。但为时已晚矣。

嵇康的言行举止对司马氏集团是个巨大的威胁。要杀嵇康已势在必行，只是寻找借口而已。后来钟会终于找到借口，向司马昭献计献策。

他对司马昭进言："扬州都督毌丘俭兴兵造反时，嵇康就积极响应。现在，他和吕安交往过密，言论放肆，诋毁典谟，竟为吕安不孝之罪辩护。这些为世难以容忍，应当把他们正法，以淳风化。"这话司马昭听了，正中他的下怀，便下令将嵇康和吕安判处斩决。

魏景元三年（262年）十月的一天，太阳已经很高了。再过两个时辰，当日过中天时，嵇康和吕安就要问斩建春门外东市了。

洛阳太学院内三千太学生正联名上书请求赦免嵇康死罪，并要请嵇康当他们的老师。不知谁高喊一声"快去丞相府……"，话音未落，三千莘莘学子汇成浪潮，涌向司马昭丞相府，要司马昭批准他们的联名上书请求。司马昭见嵇康有如此大的影响，更加害怕，坚决拒绝。太学生们不祥的预感终成了现实，顿时哭声四起。丞相府朱漆大门重重地关上，再也不敢打开。

这边，刽子手押着嵇康和吕安正缓缓走向东市刑场。沿途百姓抹泪送行，叹息好人冤死刀下。来到刑场，刽子手为他们取下刑具，嵇康从容平静，泰然自若。听见许多人在呼唤他，他默默地环视人群，悲愤的脸上泛出一丝慰藉的笑意。他安详地抬头望望天空，知道离行刑时间还有一阵。他出乎意料地向前来与他诀别的亲人问道："把我的古琴带来了吗？"亲人忍泪递上他心爱的古琴。嵇康接过古琴，盘腿席地静坐，叮咚调弦，陷入沉思，接着对哭成泪人的琴士袁孝尼说："你一直想学《广陵散》，我每次都是因为我答应过传授此曲给我的老人，誓不传人，我要守信于人。今日我为你弹奏一遍。唉！从此以后《广陵散》绝响矣！"

琴声响起，划破一片死寂。只见嵇康右手拨弹，左手抚弦，疾速之处快而不乱，徐缓之处慢而不断。琴声时而压抑悲愤，时而慷慨激昂。那愤懑不平的怨情，那怒发冲冠的气势，化作七弦琴声，化成雷霆风雨，化作戈矛之怒，化成贯虹之志，在刀斧丛中激荡奔腾，真是惊鬼泣神、感天动地！听者莫不痛哭，呜咽含哀。

乐止曲终，屠刀落下，一代大音乐家嵇康魂归黄泉。这首寄托了嵇康最后的情感、伴他走完生命最后途程的琴曲《广陵散》，与嵇康的不幸悲剧联系在了一起，成为魏晋易代之际黑暗统治的历史见证，也因此更加遐迩闻名，引发出许多传闻，被蒙上了一层恍惚迷离的神秘色彩，也被罩上了一层悲剧性的浪漫色彩。

《广陵散》是我国古代一首著名的琴曲，名称最初见于三国时曹魏文学家应璩（190—252年）《与刘孔才书》："听广陵之清散。"又名《广陵止息》。止息，原为佛教术语，即叹、吟之意。广陵止息亦即广陵叹或广陵吟。傅玄（217—278年）《琴赋》云："马融覃思于止息。"由此看来，《广陵散》在马融生活的年代（79—166年）即东汉中期就已出现。三国魏的孙该《琵琶赋》得知汉末三国之际，它是一首有"曲"有"乱"的大型琴曲，既可作琴的独奏曲，又可作为琴、筝、筑、笙等乐器合奏曲。西晋潘岳（247—300年）《笙赋》中说过"流广陵之名散"，足见在嵇康时代《广陵散》已是很有名的流行琴曲，嵇康死后也没有成为绝响，而是历经唐宋元明清各代，得以保存至今。最早见于明代朱权的《神奇秘谱》《广陵散》是我国现存的保留汉魏遗音的古老琴曲。

《广陵散》所表现的气贯长虹、声势夺人的音调，一直为道学家们所咒骂。宋儒朱熹指责说："其声最不和平，有臣凌君之意。"明儒宋濂贬斥说："其声愤怒躁急，不可为训，宁可为法乎？"其实，这从反面正好说明了此曲不同凡响的最宝贵的价值，也就是《广陵散》是我国现存的古代琴曲中唯一具有戈矛杀伐战斗气氛

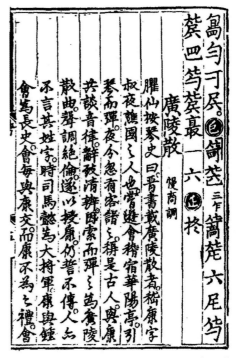

明代朱权《神奇秘谱》中收录的《广陵散》琴谱

的乐曲。

元代琴家耶律楚材《弹广陵散终日而成因赋诗五十韵》在诗中描写《广陵散》的诗句极为精彩：

忘身志慷慨，别姊情惨戚。

冲冠气何壮，投剑声如掷。

呼幽达穹苍，长虹如玉立。

将弹怒发篇，寒风自瑟瑟。

琼珠落玉器，雹坠渔人笠。

别鹤唳苍松，哀猿啼怪柏。

数声如怨诉，寒泉古涧涩。

几折变轩昂，奔流禹门急。

大弦忽一捻，应弦如破的。

云烟速变灭，风雷恣呼吸。

数作拨剌声，指边轰霹雳。

一鼓息万动，再弄鬼神泣。

这既是对《广陵散》曲调精彩生动的描述，也是对《广陵散》乐曲概括形象的赞美，让人仿佛聆听到那精妙绝伦、千古不朽的乐声。

人称嵇康为奇才全才。他是文学家，文如其人，堪称千古绝调；他是思想家，思想新颖，往往与古人唱反调；他是书法家，尤善草书，得之自然，意不在乎笔墨；他是画家，最为唐人激赏，有画作传后代；他更是音乐家，自云"少好音声，长而玩之"，对音乐有特殊的感受能力。练习各乐器，"于丝竹特妙"，精于笛艺，更擅长弹琴，在金、石、土、革、丝、竹、匏、木八音中，最为推崇琴，终身与琴为友。曾不止一次地自称："浊酒一杯，弹琴一曲，志愿毕矣。"喜欢"抱琴行吟，弋钓草野"，常常"琴诗自乐"，"目送归鸿，手挥五弦"。一生中多是"结友集灵岳，弹琴登清歌"，"藻泛兰池，和声激朗。操缦清商，游心大象"。"弦超子野，叹过绵驹。流咏太素，俯赞玄虚。""激清响以赴会，何弦歌之绸缪。"在他的诗文中许多都与琴有关。嵇康还善于作曲，曾作有《长清》《短清》《长侧》《短侧》四首著名琴曲，合称"嵇氏四弄"，隋代又将它和"蔡氏五弄"并称"九弄"。南宋杨瓒于民间搜求"嵇氏四弄"，

明代项元汴作品《嵇叔子诗意图》

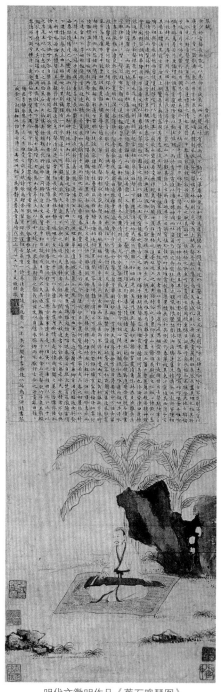

明代文徵明作品《蕉石鸣琴图》

得到十多种传谱，可见当时流传颇广。嵇康又作有《风入松》琴曲，描写月夜弹琴如风吹松林的声音。从唐人刘戬《夏弹琴》诗"弹为风入松，崖谷飒已秋"之句，看出唐代此曲十分盛行。现存传谱中，还有唐人皎然所配的歌词。他的《广陵散》一曲更是声调绝伦，名震千古。元人耶律楚材就认为嵇康所作是以慢商弦与宫弦同声定调，有臣行君道之意，以影射司马氏有篡夺君位的意图。

嵇康还是音乐理论家，擅长写乐论乐。他写下的《琴赋》，内容从琴材梓梧的生长地和所处的山川、水势的环境到制琴的复杂精致的工艺，从弹琴的妙手、听琴的知音到音乐的章法和强烈的感染力，从弹琴的体态指法到名曲的情质和艺术联想，从操琴者的品德修养到主观感情不同的听琴者的不同感受……由远及近，由表及里，层层深入，淋漓尽致，充分体现了他对琴和音乐的高深理解。故而，何焯评《琴赋》云："音乐诸赋虽微妙古奥不一，而精当完密，神解入微，当以叔夜此赋为冠。"古往今来《琴赋》被公认为是音乐诸赋中的千秋绝调。

在文学、哲学、书画、音乐

四方面，嵇康尤以音乐方面成就最高，为中国古代音乐宝库增添了一笔精神财富，使他名垂史册，彪炳千秋。明代著名宰相张居正《七贤吟·嵇中散》这样赞道：

中散龙凤姿，雅志薄云汉。

少无适俗约，早有餐霞愿。

调高岂谐俗，才俊为身患。

缠悲悲愤诗，结恨广陵散。

嵇康死得最冤，是历史上以莫须有罪名被杀的典型。故而，张云璈《选学胶言》云："古今不平事，无如嵇吕一案。"

这正是：临刑东市神不变，从容弹奏《广陵散》。

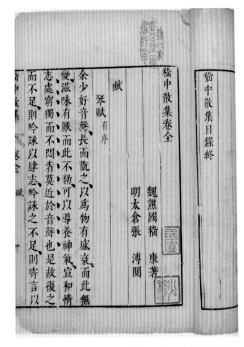

明末刻本三国魏谯国嵇康撰《嵇中散集卷》

阮氏四代传琴艺

　　话说魏晋易代之际，政事常变，乱世多祸，人心惶惶。在山阳（今河南省修武县）城东北二十里地，有一片葱郁的竹林。一群号称名士的人却聚集这里，肆意酣畅，狂饮高歌。他们周围，杯盘狼藉，空缶成堆；他们身上，宽袍散乱，醉墨淋漓，好一派悠然自得、放浪形骸。他们是大名鼎鼎的"竹林七贤"：谯国嵇康、陈留阮籍、河内山涛、河内向秀、沛国刘伶、陈留阮咸、琅琊王戎。

　　这"竹林七贤"，虽然对权倾当时的司马氏集团的态度、立场各不相同，对当时最大的争论即名教与自然的关系又各持己见，但他们在竹林聚会时，却又有着共同之处。好酒、好诗、好老庄、好音乐像一条无形的纽带，把他们紧紧串联一起。他们以名士相标榜。表面上看来，这七人行为怪诞，思想奇特，时出惊人之语，常做拗情之事，甚至菲薄汤武周孔，藐视礼教习俗。但是，只要撩起他们佯狂佯醉的面纱，便会看到几个头脑清醒、才思敏捷又愤世嫉俗、是非分明的贤人名士形象。在"竹林七贤"中，名气最大的要数阮籍和嵇康。只因他们文才诗名太大，人们都知道他们是当时最负盛名的文学家，而忽视了他们还是造诣精深的音乐家，这里单说阮籍。

清代彭旸作品《竹林七贤图》

阮籍（210—263年），字嗣宗，陈留尉氏（今河南开封）人，是"建安七子"中阮瑀的儿子。阮籍才思超人，素有抱负，很想成就一番事业。可惜他生不逢时，身处的时代是司马氏集团接连发动三次政变的乱世。第一次是司马懿制造高平陵事件，杀害曹爽等一大批拥戴曹氏皇室的权要；第二次是司马师制造夏侯玄事件，剪除异己，肆意杀戮，许多人受到株连;第三次由司马昭制造高贵乡公事件,把曹魏皇帝曹髦干脆也杀掉,独揽朝政。阮籍之父阮瑀曾做过曹魏的丞相掾,名声很大;阮籍政治上也是倾向曹魏一边,对司马氏集团篡权专政十分不满,但又不敢公开抗争,不得不采取不合作的消极反抗态度,以保全自己的身家性命。

阮籍清高傲世,任性不羁。司马氏集团倡导传统礼教,阮籍却以装疯卖傻来公开蔑视礼教。有一次,阮籍的嫂子回娘家,按照礼教男女有别,叔嫂不能互致问候,他是不应去送行的。可他不拘礼法,不仅去见了嫂子,还为嫂子饯行。有人就讥笑他这种反礼教的行为。阮籍反驳说:"礼法难道是为我这样的人设立的吗?"阮籍还做出了令囿于礼教的人不可思议的事来。阮籍的邻居家有个少妇,长得非常漂亮,在酒店里卖酒。阮籍就经常去她的酒店里饮酒,喝醉了就躺在她身边酣睡。那少妇的丈夫起初对阮籍很是怀疑,悄悄观察了很久,始终没有发现阮籍有什么歹意,更没有什么不轨行为。阮籍就是这样单纯而坦荡。其实,阮籍以这样的行为去对抗礼法名教,实在是因为他看穿了司马氏集团借礼教杀人干篡权的勾当,气愤不过,又无可奈何,才故意不拘礼法,以表示自己的抗议罢了。

阮籍嗜酒成癖是出了名的。嗜酒佯狂,是他在司马氏集团高压统治下用来对付司马氏集团的方式。阮籍没有嵇康那种直率刚强、疾恶如仇的反抗精神,他性格内向,喜怒不形于色,绝口不论是非,也只是与司马氏集团保持距离不合作而已。司马昭专政擅权时,显赫一时,每逢宴席,参加宴饮的所有人都庄严郑重、恭恭敬敬,把司马昭比拟成王者。只有阮籍在座位上两腿平伸像簸箕一样坐着,旁若无人,畅怀狂饮。一会儿唱歌,一会儿长啸,借酒装傻,想怎么样就怎么样,连司马昭也拿他没办法。阮籍在为母亲服孝期间,司马昭举行宴会,阮籍大块吃肉、大碗喝酒,引起在座的司隶校尉何曾的反感。何曾向司马昭进言:"您正提倡用孝道治理天下,而阮籍正服着母亲亡故的重孝,却公然在您的宴会上喝酒吃肉,应该把他流放到边远之地去,以端正风俗教化。"司马昭深知阮籍放荡不羁的为人,又怜他体弱多病,也就没有加罪于他。阮籍照样喝酒吃肉,似乎什么事也没有发生。阮籍真是很幸运,没有遭杀身之祸。

唐代孙位作品《高逸图》。画中阮籍手捧麈尾，斜倚花毯而坐，童子捧酒而来

史书上说："籍本有济世志，属魏晋之际，天下多故，名士少有全者，籍由是不与世事，遂酣饮为常。"这就是阮籍为什么嗜酒贪杯的原因。他一直"不乐仕宦"，最感兴趣的是"惟有杜康"。为了有酒喝，甚至破例要做官。有一次，他听人说步兵校尉衙门的厨人会酿造美酒，而且地窖里储存有老酒三百斛，于是就请求去做步兵校尉，以便天天能痛饮美酒。后人因他当过步兵校尉这个官，称他为"阮步兵"。阮籍用酣醉佯狂的方式来表达自己对人和事的消极反抗。世道险恶，暗设陷阱总是防不胜防。阮籍为了避祸乱世，不得不采取酣醉的对策。因为喝得烂醉如泥，说错了话也不该加罪。正如酒诗人陶渊明《饮酒》诗中声明："但恨多谬误，君当恕醉人。"司马昭知道阮籍以嗜酒闻名，没有加害于他，但对阮籍这样颇有名望而不趋炎附势的名士却极不放心。于是，司马昭

多次找阮籍聊天，想探清他的真实面目。阮籍便佯醉谈玄，话说得虚无缥缈、漫无边际，既不议论时事，也不褒贬人物。司马昭每次与他谈完话，都好像在云山雾海里。后来司马昭又玩了一个联姻的花招。他听说阮籍有个才貌俱佳的女儿，就派人向阮籍提亲，要阮籍把女儿嫁给他的儿子，想以此来笼络阮籍。阮籍当然很不乐意，但又不敢明言拒绝，就拼命喝酒，醉了就往地上一躺，醒来又抱起酒坛狂饮，一连酗醉六十天不省人事。司马昭派去说亲的人，始终没法与阮籍说上话，只得返回照实回禀司马昭。说亲的事就这样不了了之。司马昭很是恼火，就派钟会去纠缠阮籍，问他一些极为敏感的时事政治问题，企图引他开口，抓到话柄，以便加罪于他。阮籍一见钟会来访，就拉住钟会对饮。钟会哪敢多喝，只想打开他的话匣。阮籍不管三七二十一，一杯连一杯地干，觉得还不过瘾，就抱坛直灌，喝得醉醺醺的，披头散发坐在一旁，无言无语。钟会多次来访，阮籍都这样故伎重演，酗醉不醒，使得钟会无法从他嘴里掏出一句话来。巧妙地用酗醉与司马昭等人虚与周旋，不能不说是阮籍在险恶环境里的一大绝招。

阮籍看似痴傻的怪异之举和他出身音乐世家的艺术气质有关。阮籍之父阮瑀文采飞扬，天下闻名。曹操很是爱才，雅闻阮瑀美名，想召见他，阮瑀却逃进山里不露面。曹操几次派人去请，他就是不见。气得曹操派人放火烧山，才把阮瑀抓到送至长安。这天，正逢曹操在长安大宴宾客，因为对阮瑀倨傲不见记忆犹新，想治治他的傲气，就让他和侍宴的歌舞乐人坐在一起。这阮瑀不仅文坛有美名，而且颇得古琴要旨，精通乐律，曾师从大音乐家蔡邕学琴，弹得一手好琴。他看出曹操的用意，随手从琴师手中接过琴，调好琴弦，抚弦鼓舞，即兴唱《琴歌》：

奕奕天门开，大魏应期运。

青盖巡九州，在东西人怨。

士为知己死，女为悦者玩。

恩义苟敷畅，他人焉能乱。

阮瑀琴弹得如行云流水，妙似天音；歌唱得似黄莺啼唱，悦耳动听。满座宾客听罢惊叹唏嘘，拍案叫好。曹操尤其欣赏歌中所唱的"士为知己死"辞义，他大为高兴，便请阮瑀上座。

　　阮瑀的音乐修养影响到他的儿子阮籍、孙子阮咸、曾孙阮瞻。阮氏家族多好音乐，尤以善琴著称，世人称为以琴艺传世的古琴家族。阮籍善啸能琴，在"竹林七贤"中，与嵇康是为鼓琴中的佼佼者，为中国音乐史上闻名的作曲家、古琴演奏家和音乐理论家。

南京西善桥南朝墓出土的画像砖《阮籍画像》

　　啸，就是吹口哨。东汉文学家许慎《说文解字》中说："啸，吹声也"，西晋文学家成公绥专门有《啸赋》，称口哨"发妙声于丹唇，激哀音于皓齿"，"动唇有曲，发口成音"。东汉以来不少文人雅士善吹

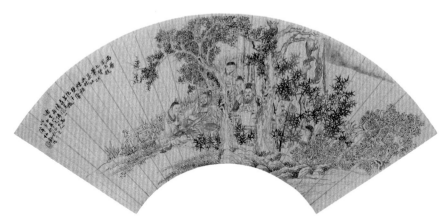

清代舒浩作品《竹林七贤图》。题识：西晋风流号七贤，笔状茶灶共林烟，嵇琴响绝千年后，喜见清风一再传

口哨，视之为悠闲雅致、洒脱逸乐之举。他们往往不用言语，而以长啸来表达自己的心声。魏晋陶渊明有"登东皋以舒啸，临清流而赋诗"，唐代王维有"独坐幽篁里，弹琴复长啸"。这是古代文人雅士生活侧面的生动写照，也反映了口哨音乐的历史源远流长。阮籍当时以啸出名。南京西善桥太岗寺一座南朝古墓中，曾出土砖画《竹林七贤与荣启期》，其中画的阮籍就是做长啸的姿态：他席地而坐，上身微仰，左手向后撑地，右手拇指跷起靠近嘴唇，两腮鼓胀，正做吹口哨的模样。砖画中表现阮籍潇洒长啸的风姿，正是生动捕捉了阮籍善啸的特征。《陈留风俗传》中说，阮籍的啸声能与"琴声相谐"，是说他的啸声极富音乐的节奏感和旋律美，能够达到"动唇有曲""因歌随吟"的音乐艺术境地。阮籍当是古代技艺超群的口哨演奏家。一次，阮籍游至太行山脉的苏门山中，遇见善啸的逸士孙登。只见他银须飘拂，披头散发，闭目盘腿，双手垂膝，端坐在山崖旁边的巨石上。这孙登本是汲郡共（今河南省辉县）人，生活在魏晋易代的动乱年代，为保全性命而弃世遁入山林，住土窟，穿编草，披着一头长发，常抚一把古琴，不言不语，无喜无怒。嵇康与他相处三年，竟一言不发，像哑巴一样，心中欲吐之言，全凭长啸和琴声来抒发。阮籍向他请教栖神导气之术，任凭千言万语，磨破嘴皮，他依然是肃穆静坐，一声不哼，就是不说一字。阮籍百般无奈，只好辞别孙登，长啸

下山。走到半山腰,山巅忽然响起一声长啸,有如凤凰鸣叫,清亮悦耳,响彻山谷,经久不绝。阮籍循声仰望巅峰,只见孙登屹立峰峦之上,飘然超逸如神仙下凡。精通音律的阮籍从孙登那长啸声中,领悟到孙登超凡脱俗、遗世独立的胸襟,顿有所感,百思得解,回来展纸挥毫,写下了《大人先生传》,取司马相如《大人赋》之意。该作品塑造了超世独往的大人先生形象,借大人先生之口来抒发自己对社会人生的种种愤慨,既阐述了越名教而任自然的思想意旨,又对世俗社会中虚伪陈腐的礼法名教进行了辛辣的讽刺。那贯穿始终的愤世嫉俗的强大气势和酣畅淋漓的笔墨,则是源自阮籍反抗司马氏集团暴政、虚伪和吃人礼法的充沛激情,使该作品成为风格独特的名篇佳作。

琴曲《酒狂》是中国音乐史上的名曲之一,也是阮籍存世的代表作。《神奇秘谱》的解题说:"(阮)籍叹道之不行,与时不合,故忘世虑于形骸之外,托兴于酗酒,以乐终身之志。"在《酒狂》这首小巧玲珑、结构严谨的琴曲里,阮籍采用的节拍为三拍子体系,并在弱拍处设计沉重的低音或长音,增加了不稳定感,给人一种头重脚轻、站立不稳的感觉,生动地刻画出醉酒佯狂、步履蹒跚的醉态。在曲末用同音反复的手法模拟"仙人吐酒声",以表示要倾泻自己的满腔愤慨。

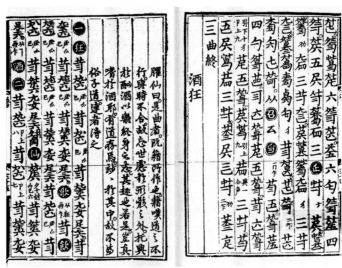

明代朱权《神奇秘谱》中《酒狂》书影

从中可看出司马氏集团专权的黑暗给阮籍心理上带来的压抑和摧残。一曲《酒狂》,是阮籍的心声写照。在音乐理论方面,阮籍有专著《乐论》传世,主要继承发挥了儒家的观点,认为"律吕协则阴阳和,音声适而万物类",视音乐为教民平和、移风易俗的工具，强调圣人作乐"制便事之节，定顺从之容"的必要。对"各歌其所好，各咏其所为"的"楚越之风"和"郑卫之音"，阮籍却持反对态度，这是由他所处时代的历史局限性所决定的。他还在《乐论》中广征博引，充分阐述了所谓"乐者，乐也"的观点。阮籍音乐思想并不进步，与嵇康的音乐思想相比，就显得苍白多了。

"竹林七贤"中的阮咸，字仲容，是阮籍的侄子，二人并称"大小阮"。阮咸为人放达，不拘礼法，入晋后做过散骑侍郎，但不为司马氏重用。他在文学上似无建树，是个纵情越礼的狂徒，却是一个杰出的音乐家。史书上说他妙解音律，善弹琵琶，整天只知道与亲朋好友弦歌酣宴。有时与阮氏同族子弟用大盆盛酒共饮，群猪来饮也不在乎，索性人猪一

南京西善桥南朝墓出土的《竹林七贤与荣启期》摹印砖画之阮咸

起饮酒，也算是个怪诞人物。当时阮咸琵琶弹得清新脱俗，似乎无人能及。他弹的琵琶是一种有圆形共鸣箱、直柄四弦的乐器，与现在的琵琶截然不同。唐武则天时，蜀人蒯郎从古墓中掘到一种铜制乐器。一经传出，无人识得是何种乐器。

元代刘贯道作品《消夏图》(局部)。画中一士大夫独卧榻上，手执麈尾，微锁双眉，嘴唇紧闭做凝思状。从卧者的衣着神态看，定是超逸洒脱的"竹林七贤"之一的阮咸

当时专管礼乐的太常少卿元行冲观其形制与晋画《竹林七贤图》中阮咸所弹的乐器相同，就说是阮咸制造的，便命人用木料仿制一个。安上弦后，弹奏起来，音韵清朗，一时间无法命名，就姑且名之为"阮咸"，又简称为"阮"。

阮咸既擅长演奏，也擅长作曲。唐代流行的琴曲《三峡流泉》《琴集》载为阮咸所作。唐代四川岷山罗山人善弹《三峡流泉》，诗人岑参曾听罗山人弹奏，写下《秋夕听罗山人弹三峡流泉》一诗。阮咸的音乐造诣，尤其是对音乐的理解，远比阮籍艺高一筹。以至于晋代著名音乐家荀勖，每每与阮咸讨论音律，荀勖都自以为比不上阮咸。史书上还说，阮咸的儿子阮瞻得家传父教，琴弹得非常好。人们闻其名，经常请他演奏。他不论长幼贵贱，只要有求，都认真地为人演奏。

阮氏家族对于琴艺的传承，反映了古琴音乐在当时社会生活中的重要地位。这种现象的出现对后世古琴音乐发展中风格流派的形成有一定的促进作用。这正是：琴艺播世有家传，酣醉佯狂作《酒狂》。

戴家父子擅琴名

话说魏晋时代政治黑暗、社会动乱，文人仕宦失意则寄情于琴，琴在文人阶层得以广泛流传。"士无故不撤琴瑟"，就是当时文人恋琴的生动写照。文人把琴作为必修科目，以琴排遣苦闷、寄托忧思，又以琴陶冶性情、自娱自乐。琴乐活动成为许多文人生活中不可或缺的部分。挟琴远游，弹琴长歌，由此产生了一批文人琴家，使琴的文化特征比过去更为鲜明突出。在群星灿烂、辉映琴史的文人琴家中，戴逵和戴勃、戴颙父子作为一代文人琴家，更是具备文化特征。琴在戴家父子的手中，弹奏出了高尚的情操和悠远的志趣，无论是在技艺上还是在意境上，都令世人推崇备至。

戴逵，字安道，谯郡铚县（今安徽濉溪县临涣镇）人，是东晋著名琴家、雕塑家。《晋书·隐逸传》载，戴逵少时就学问渊博，喜欢高谈阔论，又善于撰写文章，精工于书法绘画，还擅长鼓琴，各种艺事亦无不精通，称得上是多才多艺。戴逵本性上不喜欢与当时的浊世苟合。他志存高远，不为世俗所扰，更不务荣名。晋孝武帝时，曾以散骑常侍、国子博士多次征召他。戴逵以父有疾病为借口，就是不离家为官。郡县敦促不已，戴逵不得不一度逃遁，躲了起来。他曾隐居会稽剡县（今浙江绍兴附近），与琴书为友，怡然自得。他曾受会稽山阴灵宝寺之托，精心雕刻一尊一丈六尺高的无量寿佛。这本是一件极为成功的雕刻作品，但他并不满足。为了求得人们的批评意见，他躲在雕刻作品后面的帷幕里，倾听观者指正的缺点，并一一牢记在心。之后反复修改，历时三年才完成。当时前往灵宝寺参观礼佛的人川流不息，山阴太守大名士希超也慕名前去观看，赞不绝口，评价甚高。

戴逵精晓音律，尤通琴艺。他弹琴堪称一流，琴声如高山深溪的潺潺流水，清脆幽美，极为悦耳动听。但他以琴为文人修身之道，而不作艺人之技。弹琴重在自娱自得、耻为权贵娱乐的现象，代表了当时一种琴学的人文传统。他曾作《琴赞》以表达对琴学的见解。

一次，以权势压人又喜附庸风雅的太宰武陵王司马晞听说戴逵善于弹琴，就派人请戴逵弹琴。戴逵不愿趋奉权贵，当然不去为司马晞弹奏。尽管司马晞三番

戴逵字安道，谯国人，後徙居会稽之剡县，少博学，善属文，能鼓琴，工书画，其余巧艺，靡不毕综。性不乐当世，常以琴书自娱。太宰武陵王晞闻其善鼓琴，使召之。逵对使者破琴曰：戴安道不为王门伶人。武陵王晞乃更引为门尞。后徵为国子博士，散骑常侍，并不就。郡县敦迫不已，乃逃於吴。会稽内史谢玄疏请徵逵东宫，虚元弥劭。吏部郎王珣会稽太守尚书谢琰皆论其放达，宜加元康，庾放达遒逸，体贵貌先生所在备。

清代任熊作品

五次地派专人来请，戴逵都一口拒绝了。司马晞仍不甘心，又派人来纠缠。戴逵把琴从内屋取了出来，当着来人的面，把琴摔得粉碎，并正颜厉色地说："戴安道不做王爷门下的乐工！"来人面带惭色，灰溜溜地走了。

戴逵这种敢于反抗权贵的举动，为人们交口称赞。"碎琴不为王门伶"成为人们对那些敢于反抗的人的一种赞语。唐代诗人司空图《狂题十八首》其二诗中有"别鹤凄凉指法存，戴逵能耻近王门"，就是借戴逵不愿为武陵王司马晞弹琴一事，暗喻自己不愿为权臣贵官服务。唐代李瀚《蒙求》中举戴逵破琴拒召作为提供学童学习典故之一则。

武陵王司马晞或许是为戴逵的一身正气所慑，就另找戴逵的哥哥戴述。一母同胞兄弟，但志向各异。戴述听说王爷请他弹琴，十分高兴，屁颠屁颠地抱着琴就去王府应召了。戴逵堪称真正善琴者，能从琴艺中厉操，不为权势所惑，敢于破琴拒召，而其兄则意趣不同，由此可见晋代逸士的贞操风骨。

清代汪家珍
作品《破琴图》
（局部）

明代周文靖作品《雪夜访戴图》。此画讲述了东晋王徽之
雪夜乘舟访问朋友戴逵的故事

　　戴逵还传其琴学于其子戴勃、戴颙兄弟。文人琴学传教，注重的是
琴艺和做人。故而，史称戴勃、戴颙大有其父风范。先说戴勃为人为艺。
戴勃和弟弟戴颙继承了戴逵的学术，对琴艺、书画、雕塑样样都很精通。
戴勃善画人物、禽兽，曾画《南都赋图》，陈留范宣嗟赏不已。戴勃又
工山水，孙畅之《述画记》说戴勃的山水画之妙超过顾恺之。据《宋书·隐

清代王素作品

逸》载，戴勃和戴颙兄弟俩"受琴于父"。父亲口传心授，家学传教，使兄弟俩颇有琴名。戴逵去世后，兄弟俩因伤心不再弹奏父亲所传授的琴曲。戴勃便创作新的琴曲五首，流传于世。有一次，中书令王绥带着朋友去拜访戴氏兄弟。当时戴勃正在喝豆浆，王绥兴致勃勃地对戴勃说："听说你们兄弟两人都擅长弹琴，想请你弹奏一曲听听。"戴勃不加理睬。王绥自讨没趣，怀着怨恨离开了戴家。戴勃拒绝为中书令王绥鼓琴之举，是得其父"不为王门伶人"真传。可谓有其父必有其子，既雅善琴艺又节操劲然。

再说弟弟戴颙和其父、其兄一样都遁隐山林，颇有很高的声名。戴颙十六岁时，遭受父亲去世的打击，哀痛得差点丧命，因此经常受到疾病缠身的困扰。因为父亲一生不愿做官，戴颙也效仿父亲的样子生活，住在剡县，喜游名山。剡县有很多名山，戴颙挟琴一一游遍。他还游桐庐、迁吴下。吴下士人慕其逸名，聚石引水，植林开涧，为他筑室居住。戴颙好琴只为悦心，并非为了媚世，故身处俗世，不以俗习自处。他隐居山水园林之中，以琴书自娱。宋文帝刘义隆多次征他为太子中庶子、散骑常侍，戴颙学其父均力辞不就。后世以戴颙之事用作咏隐士的典故。唐人颜真卿、李端、司空曙、罗隐诗中多用戴颙为典故入诗，对他十分推崇。

父亲戴逵善于琴艺、书画、雕塑，戴颙一一都继承下来。宋文帝的太子曾在瓦官寺铸了一座铜佛像，铸成之后，总是觉得佛像

镇江招隐
寺戴颙铜像

面部难看，也不能修改，他就请戴颙来看看有无办法。戴颙审视佛像后，说："不是佛像面疲，而是佛像臂胛太肥的缘故。"于是，按照戴颙所说，消减臂胛后，果然佛像不再让人觉得面疲，世人无不叹服。在琴艺上，父亲传授的所有琴曲，戴颙都能弹奏。父亲死后，他再也不愿弹奏家传的琴曲，独自创作了十五首全新的琴曲，还创作长弄一部，都在世上流传。

衡阳王刘义季镇守京口，他的长史张邵与戴颙有姻亲关系，就把戴颙接到黄鹄山来住。黄鹄山北面有竹林精舍，树林涧溪，环境十分幽美。戴颙很喜欢这个地方，经常挟琴独游，憩息于山涧中。衡阳王刘义季多次跟他一起游历，戴颙依然很随便地穿着他平时所穿的粗布衣服，也丝毫不改变他的隐士风度。戴颙为衡阳王刘义季鼓琴，弹奏的都是他新创作改编的琴曲，其中《三调游弦》《广陵止息》等琴曲都和当时流行的琴曲大相径庭。戴颙又把《何尝》《白鹄》两首琴曲合编在一起成为一首全新的琴曲，称为《清旷》。宋文帝刘义隆慕其逸名，常常想见到戴颙，曾经对黄门侍郎张敷说："我东出巡幸时，一定要在山下宴请戴公。"因为戴颙喜欢音乐，宋文帝还长期供给他一部正声伎。戴颙所传《戴氏琴谱》四卷，是记载中最早的谱集，今佚只存名。这正是：琴学家传得真钵，逸士高洁见风骨。

陶潜虚按无弦琴

　　话说晋宋之际大诗人陶潜不为五斗米折腰，令人千古传颂。除此之外，陶潜还是一个以弹无弦琴出名的琴家，古今琴史著作往往忘不了要把陶潜的大名列上。然而，《晋书》上却说陶潜"性不解音"，根本不懂音乐，这究竟是怎么回事？

　　陶潜，字元亮，后世之人习惯称他陶渊明。他的祖父做过郡太守，父亲淡于功名，喜怒不形于色，家境日见衰微。到了陶潜支撑门庭时，更是家无隔夜粮。为了衣食之需，他不得不离家去做官，但因受不了官场的恶习拘束，即挂冠拂袖而去。陶潜曾经人荐举做了彭泽县令，为官仅八十多天，便辞官回家了。原因大概是"我不能为五斗米向乡里小人折腰"。从此，陶潜在僻静的乡村坚持躬耕，直到终老。

　　陶潜彭泽解印卸官，隐居山野茅庐，不随俗浮沉，笑看那些企图留名身后的人。唐代张随有一篇《无弦琴赋》，对陶潜虚按无弦琴进行了追述，表达了其逸旷清远的人生境界。陶潜喜欢以琴来陶冶性情，以酒来怡养心神，但饮酒没有限量，琴也没有丝弦。他家琴桌上长年摆着一张琴。这琴上不安弦，也没有作为音阶标记的徽。每当朋友来访相聚、酒酣耳热之际，陶潜兴致盎然，总不免要取琴过来，醉眼蒙眬地虚按一曲。朋友十分诧异，为何总爱弹无弦琴，难道陶潜真的"性不解音"？

　　陶潜在《与子俨等疏》曾用寥寥几笔，为自己作了自画像：

　　少学琴书，偶爱闲静，开卷有得，便欣然忘食。见树木交荫，时鸟变声，亦复欢然有喜。常言五六月中，北窗下卧，遇凉风暂至，自谓是羲皇上人。

　　这说明了陶潜是一个放浪不羁、忘怀得失、十分注重精神生活的人。正因如此，他一生所好唯有琴、书、酒。他的诗中常常提及琴："息交游闲业，卧起弄书琴"，"弱龄寄事外，委怀在琴书"，"清琴横床，浊酒半壶"，"今日天气佳，清吹与鸣弹"。他在《归去来兮辞》中说辞官归田"乐琴书以消忧"。从陶潜自述中，可看出他从小学琴，又善于弹琴，以琴为伴，以琴消忧。如果说他"性不解音"，似乎叫人有点不可思议。

《归去来辞书画卷》（局部）

　　一日，夜幕降临后，群星闪烁，陶潜与朋友在庭院梧桐树下对坐。此时他兴致甚佳，抚摸着伴随他多年的质地优良的无弦琴，对朋友说："今夜风清月朗，我为你弹奏一曲。"说完用双手有节奏地按拍琴板，

元代赵孟頫作品《渊明归去来辞》

边弹边说："你听这《幽兰》虽没有声响，却如庭园的花草一样芬芳；这《绿水》还没有弹奏，却似屋后的小溪潺潺流过。"

朋友大惑不解，见他弹琴好似装模作样而已，没有一点琴音，就说："先生弹琴堪称人间妙手，为何不拨弦弹奏一曲，以娱耳目？"

陶潜笑道："我曾有诗云：'但识琴中趣，何劳弦上声。'人只要心境平和就

明代陈洪绶作品

乐曲畅快，本性宁静就音声具备。和，从内心发出，静，并非从外传来。如果从琴曲中寻求平和，那么就会琴曲自弹而平和丧失；如果从琴音中去获得宁静，那么就会沉溺于琴音之中而失沉静。因此，虚按着无弦琴而意气自得，去掉了弦线却大道弘扬。难道一定要有引诱玄鹄都来跳舞、惊动赤龙跃出深潭的琴音吗？像这样用手指虚按着，心境和逸，接着对和风舒颈长啸，岂不是获得天然意趣而得意忘形？"说罢，陶潜按琴唱道：

乐无声兮情逾倍，琴无弦兮意弥在。

天地同和有真宰，形声何为迭相待。

　　朋友听了这歌以后，惊奇地说："天下最优良的乐器是古琴，君王里面最圣明的只有虞舜。考察八音发现其中的深刻内涵，弹奏七弦琴使琴韵流传。所以，敬养长者的风习更加浓厚，敦和的品德更加畅顺，无为而治而天下却自然得到治理，垂肩拱手就使海外异邦前来觐见。大德之音的感化与神妙的造化相互契合，充满于天地之间，哪里只是从北方到南方呢？既然这样，那么古琴要想具备五音，不能缺少弦的作用；要想发音必须有可发音的器物。琴音依靠琴弦才能发出。如果只留心于意趣，却不关注声音的发出，那么乐器空空，乐曲也无法弹出。先生只是固执自己内心的大道，却不懂得感动人心的功能，从声音的细小和宏大都听不到乐音清浊的区别，从始至终无法辨别

清代童晏作品。题识：但得琴中趣，何劳弦上音

李耕作品。款识：自得琴中趣，何劳弦上声

宫商两种音律，那攫的深度、舍的愉悦，而无弦琴又怎么能尝试体现呢？角代表事，徵指称人。弹奏没有声音，怎么能够感通人和事呢？表面上看来，你是违反古制、自我标新立异，实质上是诡言诈语，专门和常人不一样，又怎么能同蓄精华而发扬光大，融合恬静和顺而内积于心呢？弹琴就是通过心和手传出古雅的琴曲，通过丝弦和琴箱播出大德的声音，使得那些聆听琴音的人从中体味到专心一处的节奏，使得那些知晓变化的人赞美琴音起伏韵律的崇高。"

陶潜莞尔笑道："我是一个山野之人，如果以琴音的传播来推广教化，又怎么敢和古代夔这样的乐师具有同样的风范呢？"

从陶潜和朋友这一番对话中，已经看得很清楚不过了。陶潜自己说得最明白："抚空器而意得，遗繁弦而道宣。"当你"但识琴中趣"时，又"何劳弦上声"呢？陶潜是在追求一种意趣。既然是追求一种意趣，就不斤斤计较琴是有弦还是无弦，这是符合陶潜得其意忘其形的处世之道的。琴在陶潜眼中只是一种宣泄自己情感的工具而已。因此，他不去想琴究竟是发声还是不发声，他弹奏无弦琴只是

元代赵孟頫作品《五柳先生抱琴图》

适性任情，表达心曲罢了。

中国古代大哲学家老子曾提出过"大音希声"（即至乐无声）的音乐观，否定人为的音乐，声称"五音令人耳聋"。他认为天下最美的音乐是自然无声，这也是音乐的最高境界，而具体的由乐音组成的乐曲则令人心烦。陶潜就是这种"大音希声"音乐观的身体力行者。他崇尚追求意趣而忽略外形。如果从技艺和意境来说，陶潜只追求并重视意境。故而，他弹奏无弦琴，虽然《幽兰》一曲根本无声，但在陶潜心中幽兰却像庭园中的花卉一样芬芳。正如他的朋友所说的："苟在意而遗声。"又如《宋书》所说："抚弄以寄其意。"这就是历代琴家为何对陶潜推崇备至的原因所在。历代文人琴家把琴乐看作是寄托自己孤怀幽思的手段，而真正达到这一理想境界的当推陶潜。

后人则常将陶潜抚无弦琴自寄其意、自得其乐，用作咏闲适情趣的典故。今撷采唐人诗句，李白《赠临洺县令皓弟》云："大音自成曲，但奏无弦琴。"《赠崔秋浦三首》云：

"抱琴时弄月，取意任无弦。"陆龟蒙《奉和袭美夏景冲澹偶作次韵二首》其一云："垆中有酒文园会，琴上无弦靖节家。"司空图《歌者十二首》其六云："五柳先生自识微，无言共笑手空挥。"以上均是以陶潜弹奏无弦琴之事来表明自己的志趣。在中国古琴史上，陶潜弹奏无弦琴代表着文人琴家对古琴文化的理解，故有着不同凡响的意义。这正是：兴来闲操无弦琴，声高调古惊人心。

柳恽首创击琴法

话说从汉末至魏晋南北朝是历史上古琴发展的成熟阶段，其显著特点就是在文人阶层集中出现了一批著名琴家。他们大致有着共同的特点：都有很高的音乐天赋，但不以琴艺为职业；多擅长弹琴，又善于谱曲，并有理论著述；往往又多是音乐世家，具有家学渊源。如汉末琴家蔡邕、蔡琰父女，阮瑀、阮籍父子，阮咸、阮瞻父子，嵇康、嵇绍父子，戴逵与戴勃、戴颙父子，荀勖、荀藩父子，一直到南朝齐、梁时柳世隆、柳恽父子，都是家学传教、擅长琴艺。他们都是当时文人琴家中的佼佼者，在一个特定历史时期中超越专业乐官和乐工而显名于琴坛，把琴艺推向一个更高的层次。本篇单说柳氏父子琴家琴事。

柳世隆，字彦绪，河东解县（今山西运城）人，自幼丧父，年龄稍长，好读诗书，工于弹琴，涉猎文史，音吐温润，初封贞阳县侯，南朝齐高帝时进爵为公，官终尚书令。《南齐书·柳世隆传》和《南史·柳元景传》附《柳世隆传》载，柳世隆少立功名，到了晚年，专以谈义自业，尤善弹琴。世称柳世隆文武双全，堪称当时士大夫中第一人。柳世隆经常自称："我是马槊第一，清谈第二，弹琴第三。"马槊是古代一种兵器，即长杆矛。南朝梁简文帝《马槊谱序》云："马槊为用，虽非远法，近代相传，稍已成艺。"清谈是魏晋时崇尚虚无、空谈名理的一种风气，而弹琴则又是当时士大夫生活中须臾不可缺少的雅事。这三者在当时最为时兴，为世人所追求。柳世隆一人独占风流，的确令人羡慕。功成名就的柳世隆告老隐退后，在家什么也不干，只是垂帘鼓琴以为雅兴，史称"风韵清远，甚获世誉"。

鄂州市七里界
出土的西晋抚琴俑

再说柳世隆的儿子柳恽，字文畅，史称他少有志行，聪明好学，多才多艺，善于尺牍，颇有诗名，又好棋、射，尤精投壶，更擅长弹琴。《南史·柳元景传》附《柳恽传》载，柳恽少时曾咏诗："亭皋木叶下，陇首秋云飞。"琅琊王萧融见到后，嗟赏再三，并将诗句书写在书斋墙壁上和自己专用的白团扇上。梁武帝萧衍对柳恽也是非常赏识，每每宴集，必诏柳恽赋诗。有一次，梁武帝登景阳楼即兴咏诗，命柳恽和诗。柳恽

北魏彩绘抚琴陶俑

不假思索，当即吟道：

　　太液沧波起，长杨高树秋。

　　翠华承汉远，雕辇逐风游。

　　梁武帝深见赏美，称赞再三，当时文人学士咸共称传。

　　柳恽工射也是非常有名。当时琅琊（今山东临沂）人王瞻亦以善于射箭闻名遐迩。有一次，柳恽和王瞻比赛射击，柳恽嫌射靶的皮太阔，就随手摘下一朵梅花贴在靶心的乌珠之上，张弓射箭，百发百中。观者赞赏称绝，王瞻也十分佩服，不敢再言善射。

　　投壶是当时一种时髦的娱乐活动。双方需依次将箭投入壶中，以投中多少决定胜负。有一天早晨，竟陵王萧子良上朝时，看见柳恽正在与人玩投壶游戏，连连得胜。竟陵王看得入迷，停下轿子观看。不知不觉过了很久，竟耽误了上朝觐见的时间。齐武帝萧赜很不高兴，问竟陵王为什么迟到。竟陵王只得以实情

河南邓县出土的南朝画像砖《南山四皓》

相告。谁知喜好投壶的齐武帝听了哈哈大笑，说："柳恽如此精善投壶，应该赏赐。"遂派人赏赐绢帛二十匹给柳恽。

南朝时围棋空前盛行，倾动朝野。天监元年（502 年）梁武帝萧衍登基执政。梁武帝是个超级棋迷的皇帝，听说柳恽善于弈棋，上台伊始，就下了校定棋品的敕命，令柳恽主持给棋手们评定品级并进行排列，后又编成《棋品》三卷。梁武帝对尚书周舍说："我听说君子不可以苛求完备，但是像柳恽可以说完美了。若论他的才艺，足以成就十个人。"

北齐杨子华作品《北齐校书图》（局部）

柳恽作为风流才子确实以其多才多艺名动天下。在音乐上，柳恽造诣精深。他曾奉旨和沈约等人制定梁朝乐律。然而，最能体现柳恽音乐水平的还是琴艺，他是以琴名有声于天下。

柳恽秉承家学，从小受教于父亲柳世隆。当时，柳世隆琴名大炽，在文人琴家中堪称第一。在柳世隆的影响之下，柳恽也成为一名文人弹琴能手，寄情于琴乐，以琴涵养性情，可谓得琴之真谛。柳世隆将其擅长琴曲传授给柳恽，柳恽无不善弹。但他并不满足于家学传教，又广求名家，投师学琴，博采众长，自成神妙。

南朝宋国人有嵇元荣与羊盖擅长弹琴，为当时名家。他们的琴艺得之于东晋著名琴家戴逵，传承戴逵之法。柳恽跟从他们二人学琴，"特穷其妙"，可谓青出于蓝而胜于蓝。竟陵王萧子良，礼贤好士，喜欢琴艺。有一天，他在王府后花园设宴赏琴。著名文人琴家谢安在旁弹琴，一曲弹罢，他对在座的柳恽说："听说你擅长弹琴，今日雅集，不妨弹奏一曲，

甘肃酒泉丁家闸西晋墓壁画《弹琴奏乐图》。画中呈现了女伎奏乐击鼓、乐师弹琴的场面

以添雅兴。"说罢，谢安将琴递给柳恽。

柳恽年轻好学，恭敬地对谢安说："请大人赐教。"谢安就向柳恽传授琴艺，并让柳恽抚弦弹奏。待柳恽弹奏完一曲优雅的琴曲后，竟陵王萧子良大加称赞，对柳恽说："你的弹奏技巧超过了琴家嵇元荣，琴声奇妙又赶上了琴家羊盖，大有出蓝之誉。世称你有良好的音乐素质和灵巧自如的手指，今夜的弹奏令人深信不疑。这又岂止当世称奇叫妙，足可以追踪前代技艺精湛的琴家。"竟陵王萧子良是个精通音律、懂得琴艺的行家，他对柳恽的称赞是内行的评价，从中可见柳恽的琴艺在当时堪称第一流，世人几乎无出其右。

柳恽不仅擅长弹琴，而且善于谱写琴曲。其父死后，柳恽每当弹奏其父生前传授的琴曲时，常常思念起父亲。故而，他就加工改编古代琴曲，并创作新的琴曲。有一次，柳恽正在为一首诗谱曲，还没有作完，就用手中的笔敲打着古琴，心里开始琢磨着新曲的旋律。这时，有一位家人走过，见状就随手用筷子扣琴。这无意中的一扣，却让柳恽惊奇地听到哀伤的曲调音韵，从而激发了他的创作灵感，很快就谱写出一曲优美高雅的琴曲。后世流传的击琴就从柳恽"以箸扣琴"的弹奏方法开始的。柳恽在琴的弹奏法上的创新，是对古琴弹奏的传承和发展。史称"恽常以今声转手古法，乃著清调论，具有条流"。这就是说在琴艺传承和创新上，柳恽贯通古今，继承"古法"，弹奏"今声"，并著《清调论》专门进行阐述，足见他既是古琴弹奏家又是古琴理论家。他打破琴乐囿于技艺的局限，把创新的技巧注入琴艺的创作和弹奏之中，并从理论高度去探索和研究琴艺的规律。这就赋予了古琴更加深沉的灵魂，把古琴艺术的发展推向了一个更高的层次。这正是：良质美手世称奇，追踪古烈艺臻妙。

王通鼓琴游汾亭

　　话说隋朝大儒王通是个名闻遐迩的教育家、思想家，一生勤奋讲学，以教育为乐。他还是一个名重一时的琴家。琴不离身的王通宣扬儒家琴道，具有鲜明的传统人文特征。他的琴乐行为，不仅仅局限于文人以琴修身养性，而且更重要的是注重琴乐的教育功能。

　　一日，王通率弟子游汾水，歇息河边凉亭。轻风拂面，河水荡漾。王通琴兴大发，操琴抚弦。这时，有一叶轻舟顺流驶来，舟上有一垂钓老翁，闻听琴声，停舟倾听。听着听着，老翁突然说："真是悠扬动听啊！"

　　自古弹琴本是文人墨客的高雅之事，岂容一介钓翁俗子多嘴多舌。那些自诩儒士的弟子们禁不住生出怒来，出言斥责钓翁。王通制止弟子说："山野之中不乏知音者，古时伯牙荒山野岭鼓琴，竟遇千古知音樵夫钟子期，遂有伯牙鼓琴、钟子期听琴的千古佳话。不妨请老翁一叙。"

这王通是个开明儒士，果然没有看错人。钓翁又听了王通弹奏一曲，毫不客气地评头论足，说："琴意忧伤而中和、哀怨而宁静，身居山野而有廊庙之志。先生心中深有幽思，是所谓发于内心，而应于手指、播于琴音。君子对于琴，不只取其声音而已，而是得志时借以观察时政，不得志时寄托幽思情怀，或者借以安身立命。"

貌不惊人的钓翁一番评论，正说中王通心事。关于王通汾亭鼓琴，宋代琴家朱长文《琴史·尽美》一语点破："王通之汾亭，所以守命也。"王通和他的弟子惊诧之际，对这位钓翁刮目相看。王通对钓翁说："老先生果然善于听音，我再为老先生弹奏一曲。"说完调弦弹奏《南风》。钓翁闭息凝神，听完琴曲，感慨地说："啊！先生所弹《南风》志存非今天之事啊！虞舜起于布衣百姓，修养德性，讲求平和，最终成就了帝业，是大道能够利民休养生息、功德足以济世得天下。先生有虞舜的这种胸臆情怀吗？听先生弹奏《南风》，没法与虞舜自弹《南风》相比，德如泉流，国家兴旺，百姓安康。先生弹奏《南风》只保留了虞舜的琴声，而没有表达虞舜的情志。老朽听出琴声中表达的是先生自己的情志啊！"

《高士抚琴图》

真是出言不凡，审音高妙。王通心悦诚服地拜谢钓翁，钓翁却已乘一叶轻舟长歌而去。王通遂弃琴起身，望着远去的轻舟，感慨万分地对弟子们说："真是神人啊！我的情怀志向凝于琴声中，钓翁一一辨出，果然是懂琴大家。"他深有感触地说："一首同样的琴曲，弹奏者情志不同，琴音也随之而变，今日相信了。"王通遂作琴曲《汾亭操》，正是为了抒发自己的情志。

王通，字仲淹，累世业儒，精通经书，二十岁时，前往长安见隋文帝，上"太平十二策"，希望天子尊崇王道，但未被文帝采纳。王通便作琴歌《东征歌》，唱道：

　　我思国家兮，远游京畿。

　　……

　　吁嗟道之不行兮，垂翅东归。

这位初出茅庐的儒生过分天真，在遭到隋文帝冷遇后，慨叹"道之不行"，垂头丧气地回到老家，

清代康焘作品

专心以琴书为伍，弹琴寄志，读书明经。待名声渐渐大了，朝廷开始征聘他，任命王通为蜀郡司户书佐、蜀王侍读。在这不显眼的官位上，王通觉得他以王道治天下的主张无法施行，便弃官归里，著书讲学，门徒千余。其门人弟子在王通死后奉其为"圣人"，私谥王通曰"文中子"。为追忆王通，又仿《论语》体裁辑录王通言行整理而成《中说》。唐末文学家皮日休曾作《文中子碑》，将王通比作孔孟，认为他培养了许多杰出人才，如大唐名相房玄龄、魏征等。

王通的礼乐教化思想直接承自孔子，是以原始儒家礼乐思想作为其礼乐思想的本源。他曾说："如果有任用我的，我将效仿周公所作所为！"

他的教育目的就是培养治国、事君、行王道、平天下的人才，其门人弟子中为卿作相的就达十余人。他的学生房玄龄曾请教事君之道，王通告诉他说："做到无私。"又问用人之道，王通说："做到无偏。"再问化人之道，王通说："正其心志。"最后问礼乐，王通说："自古王道兴盛则礼乐随之兴盛，不是你力所能及的。"另一个学生魏征，王通对他的评价是："魏征之正……加之以笃固，申之以礼乐，可以成人矣！"魏征向王通表示其志向是"愿事明王，进思尽忠，退思补过"。后来，这两人辅助唐太宗平定天下，君臣共同开创了历史上著名的"贞观之治"的鼎盛局面。魏征、房玄龄事唐太宗，尽忠尽职，敢于进谏，以老师王通主张的王道辅助唐太宗，成为历史上一代名臣。

当年，王通在长安时，杨素、苏夔、李德林慕名求见。与他们进行了一番交谈后，王通面带忧虑。门人弟子就问："先生为何忧虑？"王通说："我与杨素交谈，杨素满口只谈如何从政，而闭口不谈德化教育；我又与苏夔长谈，苏夔侃侃而谈只说世间俗乐，而只字不提推行雅乐；我再与李德林交谈，李德林自始至终大谈文章，而无心谈到道德伦理。"

明代天然撰赞、弘治十一年重刻本《历代古人像赞》中隋朝大儒文中子王通

门人弟子纳闷，问："这有什么可忧虑的呢？"

王通叹道："你们都不知道啊！这三个人都是参与朝政的当朝官员。

杨素只言做官不谈教化，这是天下无礼也；苏夔只谈俗乐不提雅乐，这是天下无乐也；李德林光谈文章不说伦理，这是天下无文也。如果都像他们这样，天下王道从何兴起？故而，我深以为忧啊！"

当门人弟子退下后，王通取过古琴，边弹边唱。弹的是他即兴创作的《荡之什》琴曲。哀怨的琴声抒发了王通满腹忧虑。门人弟子闻其琴声，莫不流泪湿衫。很显然，在王通的观念中，谈国

元代王蒙作品《丹崖翠壑图》

家政事，必谈礼乐教育；谈音乐实行，必谈雅乐的实施；谈礼乐制度，必谈道德伦理。否则，便是无"礼"无"乐"，也就失去了礼乐存在的

《草堂抚琴图》

　　意义。王通是把礼乐教育看作是国家施政的大事。这是王通的教育主张，同时也是王通的琴乐主张。在王通眼中，琴乐的行为是具有教育意义的，并不完全是文人的闲情雅致。因此，他开馆讲学，让琴学教育成为其门人弟子的必修科目，成为育人教育行为的一个组成部分。这也奠定了王通在中国古琴发展史上特殊的琴家地位。从琴的人文传统来讲，琴在当时是被文人用来修身养性的，而王通在此基础上把琴乐向更深层次推进了一步，使琴乐活动具有了社会教化功能。

　　王通的弟弟王绩是初唐著名诗人。他除了在诗风上脱六朝脂粉风气、开淳朴真挚风格之外，也是个喜欢古琴的文人琴家。王绩少时曾与音乐家吕才等人结为莫逆之交。隋代大业中，他以孝悌廉洁被举荐为扬州六合县丞。但王绩不愿做官，弃官还乡，当起隐士来。他结庐河畔，以琴酒自乐，挟琴游历，以琴寄志，追求一种意趣，好琴而不纵情声色。他曾整理改编古代琴曲，对传统的琴曲加以增修创新，曾作琴曲《山水操》，为天下知音者大加称赏。王绩的琴乐行为是受老庄出世思想影响，弃官不仕，遁迹山林，以琴为伴，以酒度日。这与其兄强调琴乐教化作用的观念大相径庭，他是把琴看作是一种值得称道的品德修养。

王通作为古琴教育家，认为琴乐的教育思想和礼乐教育思想是一脉相通的。因此，他的琴乐行为是属于雅乐范畴的音乐行为，保持了琴乐的人文特征。这正是：汾亭鼓琴寄情志，课徒授艺重教化。

晚清夏敬观作品《听琴图》

雷威制琴上峨眉

　　话说唐代古琴制作的工艺水平极高，制琴名家层出不穷。京城有路氏、樊氏，江南有张越、沈镣，蜀中又有雷氏。在众多制琴名家中，尤以四川雷氏所制作的古琴最为著名，都是价值连城的稀世之珍。苏轼《东坡志林》中曾说，唐代雷氏从开元年间至开成年间以制琴名世，代有其人。雷氏祖居西蜀成都，世代以制琴为业。雷俨、雷威、雷霄、雷迅、雷珏、雷文、雷会、雷迟均为一流的制琴名匠，其中以雷威所制古琴最享盛名。

　　雷威嗣承祖业，精工制琴。世人将雷氏所造古琴统称"雷氏琴"，又简称"雷琴"。因其选材精良，制造工艺精细，琴声有独特的音响效果，雷琴历来被琴家视为上品。历代琴家都以能得到一张雷琴而得意自豪。相传雷氏制成古琴后，常常自己加以品评。古琴面板的外侧有十三粒白色小圆点，古琴术语称之为徽，是音阶的标志。制徽的材料用玉、金、骨、蚌。雷琴的上品是玉徽，第二等为瑟瑟徽，第三等则是金徽，最末一等为螺蚌徽。明代屠隆《考槃余事》称雷琴是"龙池凤沼间有舷，余处悉洼，令关声而不散"，是说雷琴在制作上比过去有了很大的改进。关于雷琴的特点，明代蒋克谦《琴书大全》引黄延矩语说："岳虽高而弦低，虽低而不拍面。按之若指下无弦，吟振之则有余韵。"如此独特新颖、精妙绝伦的琴，谁人得到都会赞叹不绝、如获至宝。当然，不是说名家制造的古琴一定就好，主要还得看它选材、制作工艺如何。雷威非常讲究选材，把选好的材料视为制造古琴的首要条件。他曾说："制琴若要达到轻、松、脆、滑四善，必须选材优良，用意精巧，方才五百年有正音。"

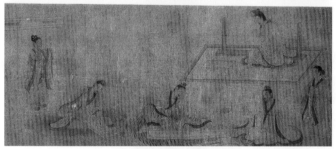

东晋顾恺之作品《斫琴图》再现了古代制琴工艺流程

却说音乐皇帝唐玄宗天资聪颖，具有极高的音乐天赋和音乐才能。唐代南卓《羯鼓录》称："上洞晓音律，由之天纵，凡是丝管，必造其妙。若制作曲调，随音即成，不立章度，取适短长，应指散声，皆中点拍。至于清浊变转，律吕呼召，君臣事物，迭相制使，虽古之夔旷，不能过也。"意思是说唐玄宗精通音乐似天生一般，对丝竹管弦各种乐器样样都擅长，而且演奏技巧可谓是精妙绝伦。他创作曲调，不用构思，随意即成，无不中拍，就是古代的乐师夔和琴家师旷也超不过他。就是这样一个酷爱音乐的风流天子，最喜欢的乐器是玉笛和羯鼓，对琴声不是很喜欢。有一次，唐玄宗听琴待诏弹琴。一曲未终，他就听得不耐烦了，把琴待诏喝退下，对身边太监说："速召花奴将羯鼓来，为我解秽。"看来他对古琴已经如对秽物般厌恶了。但他有一爱好，就是会将世上最好的乐器都收进宫中。开元年间，中官白秀贞出使西蜀返回时，将从蜀中得到的名贵逻婆檀琵琶进献给唐玄宗。唐玄宗见其"温润如玉，光耀可鉴，有金缕红文，影成双凤"，爱不释手，将其赐给杨贵妃专用。他听说蜀中雷氏琴为琴家所珍重，就十分想得到这宝琴。

有一年，唐玄宗巡幸西蜀。一个皓月当空的夜晚，他在花园散步。忽然传来一阵悦耳的琴声，时远时近，若有若无。倾耳静听，弹奏的是琴曲《风入松》。音色柔美动听，音质清越幽雅。优美的琴声如风吹松林飒飒声，唐玄宗情不自禁击掌赞叹。君臣一行循声而去，见是一男子在月下抚琴，神情自得，全神贯注。

当唐玄宗得知此人就是蜀中制琴巧匠雷威时，觉得真是得来全不费功夫，就请雷威制作一张古琴。雷威不敢怠慢唐玄宗，当即答应三个月内把琴制好奉上。

古琴制作在选材上很有讲究。因为古琴的发声，不仅要靠琴弦的振动，而且还要靠琴材的共鸣。因此，需精选胶质已脱、水分已干的木材来制琴，琴声才能

上海博物馆馆藏的"春雷"琴。"唐琴第一推雷公，蜀中九雷独称雄。"唐琴之中，以雷公琴为最。蜀中九雷中，以雷威成就最大

激扬清越。自古制琴多用桐木，而雷威则用松木制琴。雷威开始忙碌起来，每天上峨眉山选取松木。那时节正是秋风萧瑟的季节，雷威一点也不急着去伐木。每天到山上选中一片树林，就坐下来聆听风吹树林的声响。觉得清脆悦耳，就跑到树林中在松树上一一做个记号。一连听了十几天，峨眉山的松林几乎都走遍了，终于挑选到制琴所用的上等松木。

雷氏制琴工艺是祖辈代代相传下来的。经过几代人的潜心研究，制琴工艺程序十分复杂。宋代琴家朱长文《琴史·尽美》中曾说："世称有雷氏者，有张越者，尤精斫琴。历代传宝，以至于今，非力足而笃好者，不能致也。近世斫琴者间有之，然孰能杰然可以绍前人之作者欤？"朱长文是行家，说制作雷氏琴，如果工匠不是功力深厚、技艺精湛是不能制出优良的古琴的。近世不少制琴名家的技艺能与前代名家的技艺相比肩。足见雷琴制作十分讲究。雷威精于制琴。他把精选来的松木通过凿、削、刳、刨后，制成了琴体，再装上琴弦，开始调音。

这琴长三尺六寸六分，琴腹安在凤足处，比琴额窄小，透过凤足之后又逐渐加宽。这样弹奏起来，声音通过琴额而不直接发出，过了琴额因琴腹宽阔才悠扬地发出来，余韵清越悠长。琴槽的制作也很特别。琴底制成洼状，稍微有点像仰瓦。龙池、凤沼、弦徽及有唇余的地方，都凿成小坑洼。琴声受到一定的阻塞也不直接发出来。琴腹当中有天柱和地柱两个音柱。天柱厚七分，必须

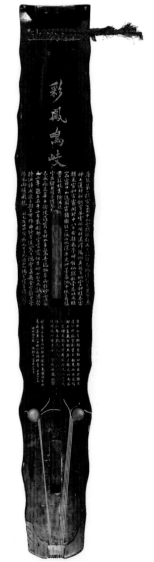

浙江省博物馆馆藏的唐代古琴"彩凤鸣岐"，是浙博十大"镇馆之宝"之一。"彩凤鸣岐"正是雷威的杰作。该琴曾是清定慎郡王府旧藏第一琴。八国联军入侵时从王府掠走，后归民国琴学泰斗、著名古琴学家"九嶷山人"杨宗稷收藏使用

安在姑洗、中吕的音界；地柱厚六分，必须安在南吕、无射的音界。安定的位置稍有偏差，往上一点就会损害上半部的声音，落下一点又会损害下部的声音。只有丝毫不差恰好在中心位置，声音才会纯正。可见多有讲究。

转眼到了期限，雷威将琴呈献给唐玄宗。唐玄宗一见到玲珑精巧的造型、琴身漂亮溢彩的花纹，就已爱不释手。一曲奏罢，琴声绕梁回荡，空灵清越，令人荡气回肠，陶然自得。唐玄宗龙颜大悦，连声称赞："雷氏琴果然名不虚传，其技精妙，天下无双。"

从此以后，雷氏琴的知名度空前提高，音妙绝伦名震天下。然而，雷威依然是个制琴工匠，仍在雷琴制作精益求精上下功夫，不分春夏秋冬、严寒酷暑，上峨眉山深山老林中去听音选料。这一天，雷威来到山中，为刚制好的琴调和。正在犹豫不决之际，山道上走来一个老人。只见他须发银白，鹤发童颜。老人指点说："你的琴上半身缩短一分，琴腹上头丰满

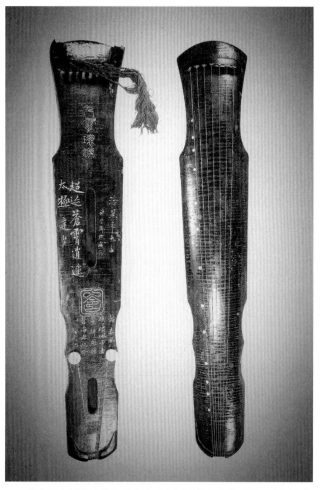

北京故宫博物院馆藏的唐代"九霄环佩"伏羲式琴，上面有黄庭坚题琴铭。现代音乐史家杨荫浏先生在《中国古代音乐史稿》中明确地把"九霄环佩"定为雷琴，并进一步肯定是由唐代雷威制作的

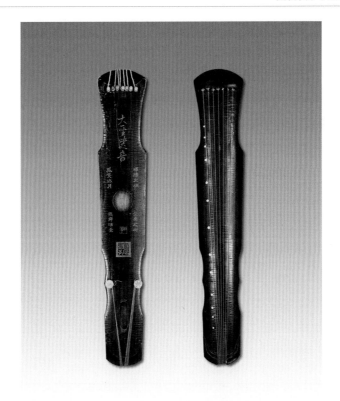

唐代"大圣遗音"伏羲式琴。故宫博物院研究馆员、著名
古琴鉴定家郑珉中先生认为此琴属中唐之始，是雷氏为宫中所
造，是唐琴的标准器。此琴曾经为元朝著名书法家鲜于枢（字
伯机，号困学山民）收藏

而琴腰处东进一点八，在巳日涂漆，戌日上弦，就能合准音了。"雷威
一一记在心中，回来按老人所说去制作，果然，制出的琴声无不妙绝。

相传雷威制作的"松雪""春雷""忘味""百纳"等名琴，为琴
中绝品，最为世人爱重。"春雷"堪称宝中之宝，后经唐、五代至宋，
几经周折，传到宋徽宗手里。宋徽宗酷爱宝琴，以制作精美的琴匣储之，
珍藏在万琴堂里。金兵攻陷汴京后，宋徽宗成了金兵的俘虏，"春雷"
又成了金兵的战利品。后来传到金章宗，金章宗对"春雷"无比器重，
称之为"御府第一琴"。临死之际，他还紧紧抱"春雷"不舍，居然要
用"春雷"为他殉葬。后来，"春雷"被人发掘出来。元代琴家耶律楚

材用它弹奏《水仙操》，名传遐迩。耶律楚材曾拜民间著名琴家万松老人为师学琴。得一代名师指点，耶律楚材成为元代号称第一的琴家。为感谢名师，耶律楚材把"春雷"赠送给老师万松老人。从此，"春雷"又在民间演奏，为更多的人欣赏。宋代苏轼还专门写有《杂书琴事》称赞雷琴。今故宫博物院珍藏了"九霄环佩""春雷"等十五张唐代古琴，其中多为千古至宝雷琴，或许不乏有雷威制作的雷琴。这正是：世代精制雷氏琴，千古绝品世推重。

李太白听琴得佳人

　　话说唐代伟大的浪漫主义诗人李白，字太白，号青莲居士，好酒任侠，笑傲王侯，一度为供奉翰林，后因受永王李璘牵连，被判处流放夜郎（今贵州省境内），中途遇赦放还，往来于浔阳、宣城等地。代宗宝应元年（762年），李白结束了他传奇而坎坷的一生。

　　李白对琴深有感情，毕生都与琴相伴。李白擅长弹琴，留下许多华美的听琴诗、弹琴诗。在他的诗歌作品中，有很多关于琴的作品。李白与友人交往中，常常提到琴。以琴相邀，《留别王司马嵩》云："他日闲相访，丘中有素琴。"以琴相聚，《月夜听卢子顺弹琴》云："闲坐夜明月，幽人弹素琴。"以琴告别，《山中与幽人对酌》云："我醉欲眠卿且去，明朝有意抱琴来。"以琴相忆，《送纪秀才游越》云："绿萝秋月夜，相忆在鸣琴。"以琴致悼，《忆崔郎中宗之游南阳遗吾孔子琴抚之潸然感旧》云："琴存人已殁。谁传广陵散。"李白喜欢大自然，也爱饮酒，这些都是他弹琴生活中不可缺少的伴侣。《陈情赠友人》云："清琴弄云月。"《赠瑕丘王少府》云："清风佐鸣琴。"《春日独酌》之二云："横琴倚高松。"《东武吟》云："对酒鸣丝桐。"《游泰山六首》之六云："独抱绿绮琴，夜行青山间。"《听蜀僧濬弹琴》云："为我一挥手，如听万壑松。"这些诗句表达了诗人李白弹琴的乐趣。然而一旦触及现实生活，不免产生阴影。如《早秋赠裴十七仲堪》云："功业若梦里，抚琴发长嗟。"《酬裴侍御留岫师弹琴见寄》云："相思两不见，流泪空盈巾。"《月夜听卢子顺弹琴》云："世上无知音。"《幽涧泉》云："泪琳浪以沾襟。"李白以琴而乐、以琴而悲，充分显示出他与琴的亲密关系。李白还专门为琴写了《琴赞》等诗作。后世为了纪念他与琴的亲密关系，将他的作品变成琴歌，如《关

唐乾封元年（666年）昭陵韦贵妃墓壁画《弹琴女伎图》

山月》《秋风词》《子夜吴歌》《蜀道
难》《幽涧泉》等，传唱至今。

琴还给李白带来一段浪漫的生涯。
李白曾七次游览金陵，在金陵结识了不
少红粉知己，但李白最为钟情的、对李
白影响最大的还是金陵子。李白为金陵
子写了六首诗。李白第一次来到南京是
开元十三年（725年）。这年他二十五
岁，风华正茂，充满了对爱情的渴望。
当他从金陵城东的白下桥进入南京，听
见一阵如行云流水般的琴声，还伴随着
娇柔的歌唱，发现一位金陵美女独自一
边抚琴一边唱着李白写男女欢会的《杨
叛儿》："君歌杨叛儿，妾劝新丰酒。
何许最关人，乌啼白门柳。乌啼隐杨花，
君醉留妾家。博山炉中沉香火，双烟一
气凌紫霞。"这是李白根据古乐府《杨
叛儿》进行艺术再创造的情歌。李白的
《杨叛儿》中一男一女由唱歌劝酒到醉
留，男女双方感情非常融洽。那种醉
留是男女之间柔情蜜意的陶醉，情意融
洽，精神升华，较之古乐府《杨叛儿》，
情感更为炽烈，生活的调子更加欢快
和浪漫，这在封建礼教面前是带有解
放色彩的。

李白从窗外偷听，顿时生发恋情，
就好像一片落花从天而降，对这位貌美
如花、善于楚歌的多情女子一见倾心。
李白觉得那琴声非常悠扬优美，而且还
透出一种天真烂漫的纯情，不由得满心

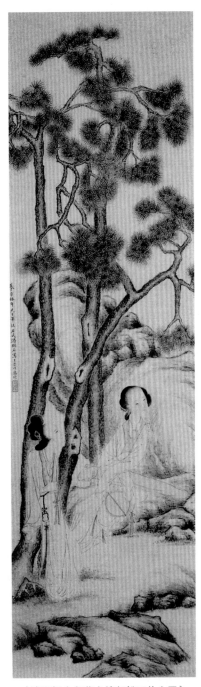

《清汤杼木名摹方椿年松下仕女图》

邓芬作品《弄琴图》

欢喜，就推门而入，向少女倾吐爱慕之心。这位少女名叫金陵子。她见李白风流倜傥，被他火一般的激情所感动，就愉快地接受了李白的追求。为此，李白诗兴大发，马上写了首诗《示金陵子》并赠送给金陵子："金陵城东谁家子，窃听琴声碧窗里。落花一片天上来，随人直渡西江水。楚歌吴语娇不成，似能未能最有情。谢公正要东山妓，携手林泉处处行。"不料金陵子看了诗后说："公子以谢安自比，可知谢安有力挽狂澜的超人才智，并不仅仅会携妓漫游的。"李白大喜说："我以天下为己任，自然仰慕这位先贤。"从此两人山盟海誓，情投意合。著名剧作家也是我的忘年之交王冠亚先生还把李白这段浪漫之旅写成了电视剧。

金陵子，即是金陵妓。李白倾心于金陵子，因此写作了这首缠绵而

富有情致的诗赠给她，
并寄托了自己的心愿。
诗的前六句专写金陵
妓，用"窃听琴声"发
端，而琴声自"碧窗里"
传出，表明弹琴的人是
女子，琴声能引来行人
窃听。可见琴声悠扬，
弹琴的人技艺娴熟。这
两句描写的是金陵城东
的歌伎善弹古琴。"落
花一片天上来，随人直
渡西江水"，是以一片
落花喻指金陵子，形容
她好似仙女，气韵不凡，
自天而降落人间，随人
们一起渡西江水来到金
陵。"楚歌吴语娇不成，
似能未能最有情"二句，
描写了金陵子富有情
致。金陵子能唱楚歌，
操一口吴侬软语，娇滴
滴，未成腔调先有情。
李白对这位才艺、容貌
双全的歌伎十分倾心。
诗的最后是李白以抒写
自己的心迹结束全篇。
结句通过借用晋朝谢安
的典故，喻写李白自己
的意愿。喻义恰当，妥帖

冯超然作品《抚琴图》

自然，更增添了诗篇的超逸神韵。谢安旧时隐居于会稽东，后来居住金陵。他便筑土山以比拟东山，常携妓纵情游赏。"谢公正要东山妓要携手林泉处处行"，描写了诗人邀约金陵子，要携手在林泉佳处游赏。谢安志在东山，李白志在林泉。诗意故作放旷，而不满现实、退隐青山之志隐然可见。魏颢《李翰林集序》记载李白的事迹云："（太白）间携昭阳、金陵之妓，迹类谢康乐，世号为李东山。"

《示金陵子》所写出的浪漫之情、浓情蜜意类似司马相如与卓文君《凤求凰》的故事，更有动人之深情传之于琴，皆是自"窃听琴声碧窗里"所得，大有天仙降临、梦得巫山神女之意。在这里，琴成为浪漫爱情中真心所托之物，深切的爱恋之情由琴引出。

尽人皆知，李白的一生富有传奇性，其诗作常有气吞长虹的豪迈及纵横跌宕的幽愤，然而李白也有娇艳的儿女柔情并将其发之于琴。唐代是歌舞伎空前繁荣的时期。歌舞伎凭着自己的歌舞技艺及美貌周旋于达官贵人、风流才子、纨绔子弟身边。李白在他的游历生活中，常携歌伎同行。他在《长相思》中写道："日色欲尽花含烟，月明如素愁不眠。赵瑟初停凤凰柱，蜀琴欲奏鸳鸯弦。此曲有意无人传，愿随春风寄燕然。……"鸳鸯弦即琴上爱恋之曲。长夜无眠而以琴弹鸳鸯之曲，寄相思之情，却又叹不知传向何人。此诗是他以爱情的无人可寄以喻其才不得展、无处施，但毕竟诗中以琴与爱恋的深情相连，是知其心中之琴本可寄此情。《代别情人》一诗写道："桃花弄水色，波荡摇春光。我悦子容艳，子倾我文章。风吹绿琴去，曲度紫鸳鸯。"其中浪漫浓丽之情，形之琴曲，呈鸳鸯的爱恋，亦感人至深。这正是：情以琴出恋红粉，听琴发春得佳人。

白居易专心咏琴诗

　　话说唐代大诗人白居易，字乐天，自幼聪慧过人，五六岁开始学诗，九岁便精通声韵，十七八岁时，携自作诗文到长安，拜见当时的名士顾况。顾况一向恃才傲物，不轻易推重别人。当他读到白居易"离离原上草，一岁一枯荣。野火烧不尽，春风吹又生"时，竟赞叹说："有这样的诗才，居天下不难。"于是向人大加称誉白居易。

　　白居易二十九岁中进士及第，踏入仕途，先后任秘书省校书郎、翰林学士、左拾遗、忠州刺史、知制诰、中书舍人、杭州刺史、苏州刺史、太子少傅等职，最后以刑部尚书辞官归居。白居易一生仕途坎坷，政治上屡受打击。遭受最沉重的一次打击是在元和十年（815年），主持平定藩镇叛乱的宰相武元衡被平卢节度使李师道派人刺死，白居易激于义愤，上书请求逮捕凶手。权贵们以"越职言事"为借口进行谗毁，白居易被贬为江州司马，是为白居易一生的转折点。在江州，白居易写下千古名作《琵琶行》。诗中对于音乐的描写，堪称绝唱。

清代殿藏本《白居易像》

白居易不仅长于诗词歌赋，而且精通音律，善于抚琴听琴，写有很多与古琴有关的诗。白居易自幼习琴，且终身不离左右。他在《船夜援琴》中诗称"七弦为益友"，在《对琴待月》诗中表示要"共琴为老伴"。由此不难看出，他对琴的真切喜爱，称琴为"老伴"。现在这一称呼已经成为多年夫妻间的亲切代称。白居易晚年喜好老庄，寄情山水，自称"性嗜酒，耽琴淫诗"，常与酒徒、琴侣、诗客及僧人往来，自称香山居士，又自号醉吟先生。六十七岁时，他曾仿陶潜《五柳先生传》作《醉吟先生传》以自况。

白居易酷爱音乐，擅长弹琴，与嵇康、陶潜一样终身与琴为伴。他在《琴茶》中曾自言与琴"穷通行止长相伴"，是个典型的文人琴家，却因诗名太盛而掩盖了他的琴名。

白居易在《醉吟先生传》中说，有个叫醉吟先生的，不知道姓名、籍贯、官职，只知道他做了三十年官，退居到洛城。他的居处有池塘、竹竿、乔木、台榭、舟桥等。他爱好喝酒、吟诗、弹琴，与酒徒、诗客、琴侣一起游乐，抱琴引酌，兴尽而返。醉吟先生好琴入迷。只要见人家有美酒、抚弦弹琴，总是欣然前往。饮酒咏诗，弹琴寄情，尽醉尽欢。每逢良辰美景，或花朝月夕，或有朋友来访，他必定先为朋友摆设酒宴，打开诗箧，开始饮酒作诗，逍遥自得。酒酣耳热之际，他便抱琴弹奏，操宫声，弄《秋思》，以抒发情性为事。一曲奏罢，兴趣犹浓。又命家童喊来丝竹乐队，合奏《霓裳羽衣曲》。击磬弹筝吹箫笛，乐声和谐升起，开始演奏《散序》（六遍）。

晚清冯润芝作品《九老图》

接着中序奏出清脆的节拍，像秋竹骤裂、春冰突坼。突然间音乐骤密，节奏急促，曲子已演奏到第二十叠。乐声像跳跃的珍珠、敲响的美玉一样铿锵的圆润，鹤唳似的一长声全曲终了。醉吟先生兴致勃勃地说："我倾耳细听仍不够。"又命歌伎演唱《杨柳枝》新词十数章。沉溺声乐，放情自娱。宾主酩酊大醉，方才作罢。这个醉吟先生就是白居易自己。

有时，白居易往往乘兴，带上琴童，挑上箱子。箱子里有他心爱的七弦琴，还有陶潜、谢灵运的诗卷。扁担上前后挂着两壶美酒。出家门郊游，到处寻山望水，没有目的地，任性任情，走到哪就到哪。或在山岩上，或在水涯边。弹琴饮酒，寄情忘忧。在山水自然的怀抱中，寻求到一种人生情趣。乘兴而游，兴尽而返。

这就是白居易逍遥生活的自我写照。他的生活情趣与嵇康、陶潜相似，寄怀于酒、寄情于琴，置身于山水之间。果然是超尘脱俗，得

陈康侯、李墅、陈汝玉作品《香山九老图》（陈康侯画人物、李墅画云树、陈汝玉补泉石）

意忘形，追求意趣，放浪风流。

白居易精于鉴赏，擅长描写音乐。他的诗作经常言琴论乐。晚年诗作尤多，在洛阳所写四百余首。除了丧朋、哭子十数首外，其他"皆寄怀于酒，或取意于琴"。真是诗不离酒，诗必言琴。醉吟先生大有五柳先生之遗风。

风清月朗，空林寂静。白居易独坐林中，心平气和，心手合一，独自弹琴至深夜，写下《清夜琴兴》以为证：

月出鸟栖尽，寂然坐空林。

是时心境闲，可以弹素琴。

清泠由木性，恬淡随人心。

心积和平气，木应正始音。

响馀群动息，曲罢秋夜深。

正声感元化，天地清沉沉。

又是一个天地清和的秋夜，白居易独自弹琴，弹了一曲又一曲，不要人听，只求尽兴。《夜琴》诗云：

蜀桐木性实，楚丝音韵清。

调慢弹且缓，夜深十数声。

入耳淡无味，惬心潜有情。

自弄还自罢，亦不要人听。

又是一个月夜，江水泛光，船泊水上，白居易独坐船头，面对明月江水，弹起七弦琴。《船夜援琴》这样咏道：

鸟栖鱼不动，月照夜江深。

身外都无事，舟中只有琴。

七弦为益友，两耳是知音。

心静即声淡，其间无古今。

白居易声称"好听琴"，晚年得风疾，唯爱听琴音。本是以琴涵养性情、清除抑郁。他尤爱听《三乐》。《好听琴》云：

本性好丝桐，尘机闻即空。

一声来耳里，万事离心中。

清畅堪销疾，恬和好养蒙。

尤宜听三乐，安慰白头翁。

爱好古琴的人，病中听琴，固有辅助治疗的作用。将佛法禅机以及养生修心融入琴声中，可谓深得琴理。

白居易还认为清畅恬和的音乐既可以解除疾病，又可以保养心性。《五弦弹——恶郑之夺雅也》云：

> 一弹一唱再三叹，
> 曲淡节稀声不多。
> 融融曳曳召元气，
> 听之不觉心平和。

饮饮酒，听听琴声，可以忘机，谈谈天，结交些旷达之士，也可以忘机。在这些咏琴诗中，由清澈之心、空寂之境、恬淡之琴构成的意境，有儒有道也有佛。儒道佛三者融合为一，追求的是恬淡、平和、无味、心静的琴之至美。这就是白居易琴乐的审美情趣，与嵇康、陶潜的审美情趣既有相同的一面又有不同的一面。

有一次，白居易在一个秋夜听琴家李山人弹奏《三乐》，情从心生，

明代张风作品《月下抚琴图》

有感而发，即席咏诗《郡中夜听李山人弹三乐》：

> 风琴秋拂匣，月户夜开关。
> 荣启先生乐，姑苏太守闲。
> 传声千古后，得意一时间。
> 却怪钟期耳，唯听水与山。

白居易喜欢清夜弹琴。一天，有位客人来访，白居易欣然为客人于古松下弹琴，并作《松下琴赠客》：

松寂风初定，琴清夜欲阑。

偶因群动息，试拨一声看。

寡鹤当徽怨，秋泉应指寒。

惭君此倾听，本不为君弹。

为朋友弹琴，白居易常常是兴起欲罢不能。有一次，崔少监来访，白居易应朋友邀请，弹奏古宫调。崔少监认为这是很难听到的琴声，不是寻常人所弹琴声。白居易很高兴遇上知音，竟鼓琴通宵达旦，并作《寄崔少监》诗云：

微微西风生，稍稍东方明。

入秋神骨爽，琴晓丝桐清。

弹为古宫调，玉水寒泠泠。

自觉弦指下，不是寻常声。

须史群动息，掩琴坐空庭。

直至日出后，犹得心和平。

惜哉意未已，不使崔君听。

唐朝时期，琵琶、五弦、箜篌、竿篥、胡笳、羯鼓等西域乐器风靡中原。古琴在当时颇遭冷遇，只得远离觥筹喧闹的大宴小席，在山林、清庭、寺庙、道院之中悄然生存、自由发展。白居易的《废琴》真实地概括了这一状况，诗云：

丝桐合为琴，中有太古声。

古声淡无味，不称今人情。

玉徽光彩灭，朱弦尘土生。

废弃来已久，遗音尚泠泠。

不辞为君弹，纵弹人不听。

何物使之然，羌笛与秦筝。

这首诗反映了古琴在当时不为时人所重视的遭遇。因为琴声淡而无味，不符合当时人的爱好，从此古琴玉徽失去了光彩，琴弦蒙上了灰尘。虽然古琴被废弃已久，但余音泠泠、素淡清雅。人们到底爱听什么呢？

白居易认为是羌笛、秦筝之类的乐器。对此，白居易在《邓鲂张彻落第》诗中也说道"古琴无俗韵，奏罢无人听"。时人纷纷"奔车看牡丹，走马听秦筝"。尽管"众耳喜郑卫"，但是"琴亦不改声"。正因为古琴保持了其格调高雅的韵味，能够寄情寓志，故而，白居易对古琴的喜爱一往情深。在抚弦弹奏中，他追求的是一种精神享受，并视古琴为修身养性的乐器，与琴为友，自我陶醉。正如他在《弹秋思》中写道："信意闲弹秋思时，调清声直韵疏迟。近来渐喜无人听，琴格高低心自知。"

明代谢环作品《香山九老图》（局部）。图中白居易和友人胡杲、吉皎、刘真、郑据、卢真、张浑在东都洛阳白氏履道坊家中燕集。因狄兼谟、卢贞二人年龄未达七十岁，"虽与会而不及列"。从《新唐书·白居易传》开始，即以这九人为九老，又因白居易晚年隐居香山，就称此九人为"香山九老"

《聚贤听琴图》

　　中国古代文人大多穷则独善其身、达则兼济天下。在这方面，白居易是一个典型。中国古代文人又大多得意时主张礼乐治国，失意时则以琴养生、以琴自娱。在这方面，白居易就更是一个典型。这正是：觞咏弦歌自适性，清韵消疾心忘机。

董大抚弦五音寒

话说唐宣宗时诗人崔珏，一次参加友人宴会时，见有琴师弹琴，就有感而发，写了一首《席间咏琴客》诗，诗云：

七条弦上五音寒，此艺知音自古难。

惟有河南房次律，始终怜得董庭兰。

崔珏慨叹古琴的知音自古以来就很少，由此想到天宝年间河南人房琯看重琴艺精湛的琴家董庭兰的故事。

董庭兰是盛唐著名琴家，陇西人，擅长弹奏七弦琴，技艺非常高妙。早年曾师从凤州参军陈怀古学到当时流行的"沈家声""祝家声"，青出于蓝，享有极高的声誉。董庭兰为民间琴家，一直在家乡陇西山村，以弹琴为生。天宝年间，他的琴艺受到了房琯的赏识，后当了房琯的门客，长年跟随房琯，为其弹琴。

房琯，字次律，天宝年间在长安任给事中，经常举行宴饮，邀请朋友饮酒听琴。天宝五年（746年）的一天，房琯又邀请朋友听门客董庭兰弹琴。董庭兰曾整理加工汉末女琴家蔡琰创作的琴曲《胡笳十八拍》，并以擅长弹奏《大胡笳》《小胡笳》闻名于世。《大胡笳》与《小胡笳》当时并称"二胡笳"或"胡笳两本"。董庭兰整理传授的"胡笳两本"谱本在唐代琴坛盛行一时，并一直享有"哀笳慢指董家本"的声誉。这天，董庭兰为客人弹奏琴曲"胡笳两本"。其独特新颖的琴声，令在座的客人大为倾倒。当时诗人李颀也在座听琴，激动不已地写诗高度赞誉董庭兰。《听董大弹胡笳声兼寄语弄房给事》诗云：

蔡女昔造胡笳声，一弹一十有八拍。

胡人落泪沾边草，汉使断肠对归客。

古戍苍苍烽火寒，大荒沉沉飞雪白。

这首诗描写了董庭兰在弹奏中所创造的丰富的音乐形象。李颀此诗与韩愈《听颖师弹琴》、李贺《李凭箜篌引》、白居易《琵琶行》并称为唐诗中描写音乐最杰出的名篇，历来受到人们的称赏。诗的大意是，东汉末年的蔡琰有感胡人乐器胡笳声音的悲凉，按其声创作出了琴曲《胡笳十八拍》。她在归汉时为曹操派去赎她的使者弹奏了此曲。悲凄的琴声使胡人为之伤心落下的泪水沾湿了边塞的野草，也令汉朝的使者肝肠寸断。塞外士兵戍守的高台，因年代悠久而变得苍黑，台上的烽火台也驱不走深秋的寒意。无边无际的戈壁沙漠，白茫茫飞舞着洁白的雪花。你看董夫子先拂商弦，接着弹角弦和羽弦：

先拂商弦后角羽，四郊秋叶惊摵摵。

董夫子，通神明，深山窃听来妖精。

言迟更速皆应手，将往复旋如有情。

空山百鸟散还合，万里浮云阴且晴。

嘶酸雏雁失群夜，断绝胡儿恋母声。

川为静其波，鸟亦罢其鸣。

乌孙部落家乡远，逻娑沙尘哀怨生。

幽音变调忽飘洒，长风吹林雨堕瓦。

迸泉飒飒飞木末，野鹿呦呦走堂下。

长安城连东掖垣，凤凰池对青琐门。

高才脱略名与利，日夕望君抱琴至。

琴声一起，四郊的秋叶也被惊得瑟瑟落下。他的精湛琴艺能感动鬼神，引得深山里的妖精也悄悄前来窃听。你看他指法是多么的娴熟，弹得是那么得心应手。那抑扬顿挫、往复回旋的琴声，带来了多少情意啊！好似空旷的山谷中，群鸟散而复聚。音调低沉，犹如蔽天浮云，音调清朗，又如同日出云开。悲凄的琴音，像是失群的雏雁在深秋里哀叫，又似是胡人的孩童依恋母亲不忍别离的哭声。河水为倾听而浪平波静，鸟儿为静听而停止鸣叫。汉朝公主刘细君远嫁乌孙思念故乡时的哀怨之情，文成公主下嫁吐蕃远赴拉萨途中沙尘引起的乡愁，一一都从董夫子的琴音中倾泻流出。那幽咽之极的琴声，忽然变得飘逸潇洒，好似林中的风声和瓦上的雨声，轻快如飞泉直泻树梢，悠扬像野鹿在堂前鸣叫。房给事的住处在长安东，靠近宫廷要地。那里素有凤凰池美称的门下省对着皇宫的青琐门。才气甚高的给事却把名利看得很轻，只是日夜盼望董夫子抱琴去欣赏。

诗人高适和董庭兰是好朋友。高适欣赏董庭兰的琴艺，董庭兰推崇高适的气骨。有一年，高适在与董庭兰分别时，为董庭兰写了两首七绝送行。那是一个黄昏时刻，日光黯淡，千里远空，黄云漫天，北风狂吹，大雪纷飞，空中孤雁独飞。就是在这苍凉肃杀的环境下，高适送别董庭兰，惜别友人的难舍之情，使高适多情地咏道：

千里黄云白日曛，北风吹雁雪纷纷。

莫愁前路无知己，天下谁人不识君。

高适赞誉董庭兰名满天下，世人都愿成为他的知己。因为天下有谁不认识董庭兰这位琴艺高超的琴家呢？《别董大二首》成为古代送别诗中的旷古杰作，又成为赞美琴家的千古名篇。

天宝十四年（755年），正当"家家尽唱升平曲，帝幸梨园亲制词"的太平盛世达到鼎盛之时，突然"渔阳鼙鼓动地来，惊破霓裳羽衣曲"，安史之乱爆发了。次年京城长安被叛军攻占，唐玄宗仓皇逃到成都。太子李亨在灵武（今宁夏境内）继位，是为唐肃宗。唐玄宗看儿子自作主张当了皇帝，也只好承认这一事实，派房琯等人带了传位诏书和玉玺赶到灵武。房琯见到新皇帝后，纵论当时天下大事，侃侃而谈。唐肃宗大为赏识，任命他为宰相。房琯当宰相不久，提出尽快收复长安。唐肃宗在准备不充分的情况下，听信只会空谈而不懂军事的房琯的妄言，让他统帅军队、收复长安。结果，唐军一败涂地，死伤四万余人。不久，唐肃宗免了房琯宰相一职。史书上还有一说，称董庭兰收受贿赂，代人走房琯的后门。事发之后，房琯受到皇帝斥责而被免官。其实，唐肃宗在第一次收复长安失败后，意识到用人不当，才免了房琯的宰相职位。房琯被削职后，董庭兰也离开了房府，继续传授琴艺。

董庭兰继承了"沈家声""祝家声"的琴曲，并传授给其弟子郑宥和杜山人。郑宥以"尤善沈声、祝声"著称于世，杜山人也被诗人戎昱称为"沈家祝家皆绝倒"。戎昱在《听杜山人弹胡笳》中这样说道，用绿绮古琴弹奏《胡笳》琴曲的妙手，先有董庭兰后有杜山人。当时董庭兰在海内寻求知音，专门将《胡笳》琴曲传授给杜山人。杜山人苦练了四十年，达到了这高妙境界。大约百年之后，董庭兰的影响依然很大。当时有个姓王的推官从蜀地购回著名琴匠雷氏所造的金徽琴，珍视它超过千金巨款。他请琴家姜宣用此金徽琴弹奏。姜宣弹奏了一曲《小胡笳》。这《小胡笳》正是董庭兰的曲谱本，后成为琴家弹奏的范本。诗人元稹在《小胡笳引·桂府王推官出蜀匠雷氏金徽琴请姜宣弹》中说：

雷氏金徽琴，王君宝重轻千金。

三峡流中将得来，明窗拂席幽匣开。

朱弦宛转盘凤足，骤击数声风雨回。

哀笳慢指董家本，姜生得之妙思忖。

盛唐之际，琴曲的创作以董庭兰的《颐真》为代表。明代朱权《神奇秘谱》小序称，《颐真》一曲是董庭兰隐居山林，过着"寡欲养心，静息养真"的道家生活的写照。曲名寓颐养天真之意，曲谱不分段，曲调鲜明，颇有特点。因董庭兰在文化层次较高的士大夫文人中有着广泛的知音，得以诗人赞美其琴艺的诗歌的流传而在中国古琴史上留下美名。这正是：绝艺如君天下少，天下谁人不识君。